27

L n 12821.

NOTICE

SUR

MAXIMILIEN-NAPOLÉON

LONGUET.

Quelques mots sur la vie de cet homme.

SON PROCÈS,

SA CONDAMNATION

ET SON EXÉCUTION.

CAMBRAI

TYPOGRAPHIE DE LOUIS CARION,

Rue de Noyon, 11.

1857

NOTICE

SUR

MAXIMILIEN-NAPOLÉON

LONGUET.

———◆———

Maximilien-Napoléon Longuet naquit à Verly, département de l'Aisne, de parents chrétiens ; sa famille, quoique déchue était honorable. Deux de ses oncles, prêtres, ont péri sur l'échafaud pendant la révolution et sont inscrits au rang des nombreux martyrs qui ont préféré la mort à l'abjuration de leur foi.

La première éducation de Longuet fut donc vraiment chrétienne. Enfant, il allait chanter au lutrin de l'église, et ses jeunes compagnons l'appelaient *l'tiot curé*. Ceux qui ont connu intimement sa famille à cette époque, disent cependant qu'en grandissant, Maximilien Longuet paraissait déja très porté au vice d'impureté, qui devait, plus tard, le pousser à commettre le double crime dont il s'est rendu coupable envers la malheureuse Joséphine, sa parente, qu'il séduisit au lieu de lui servir de père, et à qui il fit subir une opération mortelle pour cacher son infamie.

Avec plus de vigilance, ses parents eussent pu, peut-être, étouffer dans son germe, ce vice contre lequel on ne se tient pas assez en garde de nos jours et éviter à leur fils la honte de l'échafaud.

Quoiqu'il en ait été, réellement, des dispositions de Maximilien, la pauvreté de ses parens les détermina à le mettre de bonne heure à l'état. On lui fit apprendre le métier de tisserand en soie.

COMMENT LONGUET DEVINT MARCHAND COLPORTEUR.

Il se maria en 1837 et vint à Cambrai un an après. Il entra dans la fabrique de M. Delloye comme ouvrier tisserand ; il devint contre-maître, d'abord dans l'atelier des métiers à canettes, puis en 1840, dans l'atelier de tissage.

Vers l'année 1845, il eut l'autorisation d'employer deux jours par semaine aux opérations du courtage de toiles. Au bout de dix-huit mois, voyant qu'il réussissait assez bien dans cette partie, il acheta une voiture et un cheval, et commença à faire le commerce de colportage pour son propre compte.

Il fit d'abord de très bonnes affaires, mais en devenant son maître, il se laissa aller à son goût pour la bonne chère ; il se donna du bon temps, et ne s'ingénia plus comme dans le principe à placer beaucoup de marchandises. Il se reposait fort souvent, et comme le lui faisait remarquer un commerçant qui lui fournissait des marchandises, son cheval passait trop de temps à l'écurie, pour qu'il pût, lui, faire prospérer son commerce.

Il crut probablement pouvoir réussir sans se donner beaucoup de mal en exploitant le clergé. De là cette persévérance à s'insinuer chez les ecclésiastiques et à s'imposer comme le fournisseur obligé des prêtres, dont il se disait l'ami.

Ses premières dupes furent des commerçants et non des ecclésiastiques; certaines maisons lui ouvrirent un crédit de plusieurs mille francs, comme l'établit l'état de ses dettes.

L'ABUS DES CHOSES SAINTES, CAUSE PREMIÈRE DES CRIMES DE LONGUET.

Il y aura nécessairement une lacune dans la notice historique que nous voulons écrire. Quel fut le premier pas de Longuet hors de la voie droite? C'est là un mystère que nul ne connaîtra jamais, si ce n'est peut-être, celui que, dans son infinie miséricorde, Dieu place auprès du condamné, abandonné de tous, l'aumônier, le prêtre qui, armé de la croix du Sauveur, s'efforce, au moyen de ce levier puissant, de soulever le poids énorme des iniquités qui pèsent sur l'âme du coupable pour l'envoyer dans le ciel.

Oui, il faut l'espérer, le prêtre qui prie à côté de ce condamné à mort, qui l'exhorte à un aveu et à un repentir sincères de ses fautes, recevra, pour prix de son zèle, la confidence de ce qui demeurera toujours un mystère pour tous ceux qui ont ouï parler de Longuet et de ses détestables crimes.

Mais n'est-il pas permis de juger cet homme par analogie avec d'autres. Il y a une parole qu'il a souvent répétée et que nous lui avons entendu prononcer devant la cour d'assises.

« *Je ne savais plus ce que je faisais, je ne me reconnaissais pas moi-même.* »

Nous acceptons cette déclaration comme

vraie, Longuet était irrésistiblement poussé au crime, mais pourquoi? L'action détestable de Judas nous sert d'explication. Judas, le déicide ne se comprenait pas non plus lui-même; mais comme l'Evangile nous l'apprend, après avoir communié indignement, le démon s'empara de lui, et Judas, devenu son esclave par son sacrilège, obéissait à sa puissance tyrannique.

Longuet a-t-il ou non commis le crime de Judas, en profanant le corps et le sang de Jésus-Christ? C'est ce que nous ignorons, mais à coup sûr, il a fait un étrange abus de la religion, et il est devenu l'esclave du démon. L'esprit du mal comptait bien sur le scandale qu'il pourrait produire par ce nouveau disciple.

DEHORS HYPOCRITES.

Longuet avait été, dit-on, bon ouvrier, bon contre-maître. Il devient non-seulement un hypocrite, cherchant à voiler, par son extérieur dévot, ses premiers crimes, mais il cherche aussi à tromper les négociants qui lui ouvrent un crédit chez eux. C'est ce qu'on ne sait pas assez, et qu'il importe de bien connaître.

Voyons d'abord l'effet produit par cette apparente dévotion.

Généralement regardé comme un hypocrite, il était un objet d'aversion pour les fidèles qui le voyaient à l'église. On souffrait de l'avoir pour voisin aux offices; on s'indignait, quand, après l'office, il s'empressait de gagner le portail pour se faire remarquer du pieux archevêque au moment où il quittait l'église pour rentrer au palais archiépiscopal.

Les plus charitables, pour n'être pas tentés

de mal penser de cet homme, détournaient de lui leurs regards.

Longuet ne pouvait ignorer l'antipathie qu'on avait pour lui, mais il payait d'audace et ne se rebutait pas pour un affront.

SES RAPPORTS AVEC LE CLERGÉ.

On a beaucoup exagéré le crédit dont jouissait Longuet chez les membres du clergé; nous avons cru bon de citer quelques faïs, qui prouvent que ce crédit n'était pas si grand qu'on s'est plu à le dire. Si Longuet a réussi à faire quelques dupes, il a été le plus souvent apprécié à sa véritable valeur.

Un membre d'une des fabriques de nos paroisses lui fesait le reproche d'avoir trompé sur la qualité de quetques pièces de batiste qu'il était parvenu à livrer à force d'importunité. Il s'agissait de quarante-huit francs sur quatre pièces. Longuet devine quel est l'ecclésiastique qui a dénoncé sa tromperie, il court le trouver et lui fait une scène.

Dans une communauté religieuse où on lui déclarait qu'on n'avait pas besoin de ses toiles, il s'indigne contre le religieux chargé des achats et se plaint de ce qu'on ne veut point le faire vivre, lui, l'ami du clergé.

Un ecclésiastique de Cambrai, à la disposition duquel il voulait mettre sa voiture, lui répondit : « M. Longuet, quand je veux faire » un voyage, je prends la diligence. Vous » m'offrez votre voiture dans l'espoir de me » vendre vos toiles un prix plus élevé; j'aime » mieux rester libre de marchander et d'a- » cheter à qui bon me semble.»

Il arrive un jour chez le curé d'une paroisse des environs de Cambrai. En lui annonçant

ses toiles, il lui dit qu'il est l'ami des prêtres, qu'il est bon catholique.

« Monsieur, lui répond le prêtre, la religion n'est pas une marchandise, vous voulez
faire trafic de la vôtre pour placer vos toiles, ce moyen ne m'inspire pas de confiance en
vous. Dispensez-vous de vous représenter
chez moi, je ne vous achèterai rien. »

Longuet sortit et ne reparut plus dans ce
presbytère, où il avait été si bien démasqné,
mais il ne renonça pas à spéculer sur le clergé.

Un matin, à six heures, il sonne chez un
autre curé de village. « Bonjour, M. le curé,
» dit-il en entrant, je viens vous demander
» à déjeuner. Mais il est encore bien matin,
» M. Longuet, répond le prêtre, je vais seule-
» ment aller dire la messe. — Ah! mais c'est
» le déjeuner spirituel que je viens vous deman-
» der; je veux faire la sainte communion. »

La manière était un peu étrange, mais
enfin, comment supposer qu'un homme soit
assez misérable pour abuser ainsi du sacre-
ment où notre divin Sauveur se donne lui-
même.

Ce sans-gêne pour les choses saintes était-il
l'effet de l'ignorance ou de l'impiété? c'est
ce qu'il ne nous est pas donné de connaître.
Mais nous savons qu'il n'est pas permis de
rester dans l'ignorance des choses de la religion et qu'il y a une terrible menace contre
ceux qui négligent de s'instruire de leurs devoirs. «*Parce que vous avez repoussé la
science, dit l'Esprit saint, je vous repousserai
à mon tour.*» L'ignorance des devoirs qu'impose la religion, n'est donc pas une excuse
pour ceux qui ont tant de facilité de s'instruire de ces devoirs.

COMMENT IL PERDIT LA CONFIANCE DE BIEN DES GENS.

Longuet, déjà généralement accusé d'hypocrisie, perdit encore de son crédit lors du procès qui eut lieu à l'occasion de la mort de sa cousine. Déjà la voix publique le condamnait alors, et l'absolution de la justice ne fut pas universellement ratifiée.

Un des bons paroissiens de l'église Notre-Dame, nous disait : « J'ai fait quelques affaires avec ce misérable, mais je ne veux plus en faire, depuis ce procès dans lequel il a été compromis, je ne puis m'empêcher de le croire coupable et je regrette d'être en compte avec lui, si je pouvais me faire payer, on ne m'y rattrapperait plus. »

Cet honorable négociant chercha vainement à rentrer dans les avances qu'il avait faites à Longuet. Quand il le pressait un peu, il était fort mal accueilli de son débiteur ; il s'estima fort heureux de pouvoir recouvrer à peu près, la moitié de sa créance avant la fatale époque du crime qui a révélé le triste état de situation du colporteur de toiles.

L'attentat contre le médecin, fit de nouveau planer des soupçons contre Longuet, et son crédit allait toujours en s'amoindrissant. On conçoit d'un autre côté qu'un homme dont la conscience était ainsi chargée ne devait pas avoir la liberté d'esprit qu'il faut avoir pour vaquer aux opérations commerciales.

LES CHAGRINS DE LA MÈRE ET DE L'ÉPOUSE.

Quant à sa manière d'être, en général dans l'intérieur de sa famille, il est bien constaté que jamais on n'a soupçonné qu'il fit mauvais ménage.

Le seul sujet de discorde entre les époux était, dans les derniers temps, l'enrôlement du fils ainé que Longuet avait sommé de prendre ce parti. La pauvre mère pleurait souvent ce fils, et peu de temps avant qu'elle périt si malheureusement, elle disait à une brave femme du village qui avait aussi son fils à l'armée : «Je comprends bien toute votre tristesse, mais » vous du moins vous pouvez dire : c'est le sort » qui l'a appelé; mon pauvre enfant, c'est son » père qui l'a fait engager! Peut-on comprendre » qu'un père soit assez dur pour faire engager » son enfant?» Et elle pleurait, la pauvre mère, en confiant sa peine à une autre mère désolée comme elle.

Si la douleur maternelle s'épanchait ainsi, jamais l'épouse ne fit confidence des peines que lui fesait endurer la conduite de son époux. Les témoignages recueillis avec soin lors de l'instruction du procès ne laissent aucun doute à cet égard. La domestique elle-même n'a jamais entendu de querelles sérieuses. On croyait que l'union régnait entre le mari et sa femme. Longuet, du reste, ne parlait qu'avec respect de celle qu'il allait bientôt immoler.

LONGUET PREND LA RÉSOLUTION DE TUER SA FEMME. — MOTIFS SUPPOSÉS DE CETTE RÉSOLUTION.

Le mauvais état de ses affaires, le préoccupait beaucoup. Ne voulant pas s'en prendre à lui-même, il s'en prit à sa pauvre femme. Les moindres dépenses qu'elle faisait, lui étaient durement reprochées, et à force d'accuser sa femme de le ruiner, il finit par se donner à lui-même ce prétexte pour commettre son épouvantable crime.

Mais au fond, ce qui lui inspirait réellement de l'antipathie, pour sa femme, c'est qu'elle n'ignorait pas l'infâme conduite de son époux et les crimes dont il s'était déjà souillé. C'était pour lui un témoin gênant et dont il importait de se débarrasser.

Quelques-uns ont pensé aussi, avec assez de vraisemblance, qu'il avait pu entrevoir dans un nouveau mariage, le moyen de rétablir ses affaires. Son crédit avait baissé à Cambrai, mais au dehors, dans les campagnes surtout, on croyait à sa prospérité, et comme on voyait en lui l'ouvrier parvenu au rang de marchand, on avait une assez haute idée de son habileté, pour qu'il pût espérer rencontrer une nouvelle épouse en possession d'une dot raisonnable.

Ce n'est ici au reste qu'une des suppositions qui ont été faites. L'esprit humain veut avoir raison de tout et quand il ignore le véritable motif d'une action, il cherche à le découvrir. Il y a en nous un immense besoin de connaître la vérité.

Mais laissons de côté ces suppositions pour revenir aux faits malheureusement trop réels.

Dès que Longuet eût accueilli la cruelle pensée de se débarrasser de sa femme, il se sentit invinciblement poussé à l'exécuter.

LES MESURES QU'IL PREND POUR QU'ON NE LUI IMPUTE PAS LE CRIME.

Dans le premier des crimes dont il vient d'avoir à rendre compte, Longuet n'avait pas hésité à calomnier la réputation de deux habitants de Cambrai, sur lesquels il fit planer le soupçon d'avoir séduit celle dont il avait été lui-même le séducteur et le bourreau, ou pour parler plus juste, celle dont il avait été le bourreau à double titre, car, aux yeux de Dieu, celui qui tue l'âme de son prochain en la faisant tomber dans le péché, est plus coupable encore que celui qui ôte la vie du corps.

Dans le second crime, il avait cherché à faire retomber sur le père de sa première victime, la tentative d'assassinat contre le médecin Eugène Delporte.

Dans le troisième crime, c'est la victime elle-même qu'il veut calomnier en faisant croire qu'elle s'est suicidée. Non-seulement il avait conçu la pensée de l'étrangler et de la pendre ensuite pour faire croire que la pauvre femme avait été elle-même l'auteur de sa mort, mais il avait pris soin, avant son départ pour Douai, de dire à plusieurs personnes : « Il faut absolument que je me mette en route, mais je suis fort tracassé cette fois, ma femme a des pensées sinistres; *je ne m'en vais pas tranquille.* »

Toutes les mesures étaient donc prises avec la plus admirable prudence, avec un sang-froid qui étonnerait, si on ne savait qu'une fois privé de la grâce de Dieu, l'homme peut devenir le plus féroce d'entre les animaux; que l'abus des grâces fait *qu'on boit l'iniquité comme l'eau*, suivant l'expression si frappante de l'Écriture.

SON INSENSIBILITÉ.

Ainsi qu'il l'a déclaré depuis sa condamnation, son esprit n'a pas été plus préoccupé pendant le voyage qu'il a fait de Douai à Cambrai, pour accomplir cet épouvantable forfait, que s'il s'était agi d'une action toute ordinaire.

Cette tranquillité d'esprit explique toute la prudence dont le coupable a fait preuve dans cette occasion.

Il ne ressentit ni trouble ni émotion après qu'il eut exécuté le meurtre qu'il avait si bien prémédité. L'idée qu'il pourrait être inquiété par la justice, ne lui vint même pas, et ce calme extérieur qui a été attesté par les témoins qui l'ont vu à Douai après le crime, existait aussi à l'intérieur.

Il est donc vrai que ce cri de la conscience, qu'on appelle le remords est, dans l'ordre providentiel, une grâce qui n'est pas accordée à ceux qui ont en quelque sorte lassé la patience de Dieu

LE DOIGT DE DIEU.

Longuet se promettait l'impunité et, humainement parlant, il pouvait compter qu'aucun soupçon ne l'atteindrait. Mais il avait compté sans l'œil de Dieu, et ces mesures si bien combinées, qu'aucun autre que lui ne pouvait expliquer l'affreux mystère, c'est lui-même qui doit les déjouer.

Le bouton qui manque à son gilet suffit pour l'interdire, et lui arracher des aveux que les questions le plus adroitement posées n'avaient pu obtenir. C'est ici qu'apparaît évidemment le doigt de Dieu qui confond l'astuce du criminel par un moyen si faible Car enfin, que prouvait ce bouton trouvé, non pas entre les mains de la victime, comme le bruit en a d'abord couru, mais dans la chambre. Il était facile à Longuet de dire qu'il avait pu perdre un bouton de son gilet en s'habillant la veille, et en présence des témoignages qu'il pouvait produire pour établir qu'il était à Douai pendant la nuit où le crime avait été commis, il eût été impossible de faire de ce bouton une preuve contre lui.

C'est par les moyens les plus simples que la Providence se plaît à manifester son intervention afin de rappeler aux hommes qu'ils peuvent réussir à tromper, à égarer la justice humaine, mais que jamais ils ne réussiront à tromper Dieu qui voit tout.

Après s'être reconnu coupable du meurtre de sa femme, Longuet ne fit pas difficulté d'avouer les deux crimes qui lui étaient imputés par la rumeur publique. La rumeur publique! elle lui en reprocha bien d'autres encore après que le bruit se fut répandu que l'accusé avait fait des révélations. Mais il faut être juste envers les plus grands criminels. Il a été établi par l'instruction qu'il n'était pas l'auteur de la mort de son beau-père comme on se hâtait de le publier, et quant au crime d'infanticide dont on l'accusait aussi, il a été reconnu que cette horrible imputation était sans fondement.

Ce qu'on aurait pu lui reprocher avec plus de raison peut-être, en ce qui concerne ses enfants, c'est l'excessive violence avec laquelle il les reprenait quelquefois; on a souvent entendu dans son voisinage les scènes vraiment effrayantes qu'il fesait lorsqu'il croyait avoir des sujets de plainte contre son fils aîné.

APRÈS LES AVEUX.

Rentré dans sa prison après ses aveux, Longuet plus préoccupé du *qu'en dira-t-on*, que touché du regret de sa faute, poussa cette étrange exclamation.

« Que dira *mon* clergé? »

Le clergé et non pas *son* clergé disait comme tous les honnêtes gens ; « Cet homme voulait donc réellement trafiquer de son apparente dévotion. Il était donc hypocrite comme on le disait si généralement. »

Les ennemis de la religion crurent qu'ils pourraient exploiter ce grand scandale, mais le bon sens populaire, fit promptement justice des ridicules déclamations des apôtres de l'impiété, et toutes leurs absurdes suggestions tombèrent devant ce raisonnement si simple :

« Une religion qui défend non seulement « de tuer, mais même de conserver le moin- « dre ressentiment contre le prochain; une re- » ligion qui nous ordonne de faire du bien à » ceux qui sont nos ennemis, n'a pu faire de » Longuet un assassin S'il eût été réellement » ce qu'il voulait paraître, il ne se serait pas » rendu coupable d'aussi abominables crimes.»

Nous avons entendu dire souvent à Cambrai par des hommes du peuple, en voyant passer une charrette occupée par des malfaiteurs que les gendarmes venaient écrouer à la prison.

« Ch'n'est toudi point pour avoir été à » messe deux fos pour eune qu'ain va les bou- » ter a in gaiole. »

Ce raisonnement tout naïf s'applique parfaitement ici. Non ce n'est pas parce qu'il a eu de la dévotion, que Longuet s'est porté à ces crimes épouvantables, mais bien plutôt parce qu'il n'y avait en lui que l'apparence de la dévotion, et qu'il se bornait faire un jeu ou un trafic des choses saintes.

Le coupable n'était pas d'abord sans inquiétude sur les conséquences des aveux qu'il avait faits, il comprenait que la peine capitale devait être le châtiment qui lui serait infligé Il eut alors la pensée de se suicider.

Une indisposition dont il fut pris fit crain-

dre un moment qu'il ne se fût procuré le
moyen d'accomplir ce nouveau crime. Dès qu'il
fut rétabli, on se hâta de le transférer à la
prison de Douai.

LA ROUTE DE DOUAI.

Longuet fit encore une fois à pied cette
route, mais il ne songea probablement pas que
peu de temps auparavant il l'avait parcourue
deux fois dans la même nuit et qu'entre ces
deux voyages il avait commis le crime dont il
allait avoir à répondre devant la cour d'assises. Le seul incident de la route, fut la manière dont il châtia la curiosité d'un aubergiste
qui s'était approché pour le voir. Longuet lui
allongea un coup de pied qui, du reste, n'ef-
fleura que la blouse du curieux. Sur le reproche que lui fit le gendarme qui le tenait, il répondit qu'il avait cru que c'était un gamin. Le
trajet s'exécuta sans difficulté et le prisonnier
fut remis aux mains du directeur de la prison
St-Vaast

A LA PRISON DE DOUAI.

Par suite de l'aveuglement dans lequel était
son esprit, Longuet qui, d'abord, s'était laissé
aller à la pensée de se soustraire à la justice,
par un suicide, passa subitement de la crainte
au fol espoir qu'il pourrait bien en être quitte
pour quelques années de bagne. Une fois arrêté à cette illusion vraiment étrange, il la car-
ressa tellement, qu'il finit par être convaincu
que les choses se passeraient ainsi pour lui.
« Je serai condamné, à dix ans, disait il, je me
conduirai bien, j'obtiendrai une diminution de
peine, et dans cinq ans je serai mis en liberté
et je viendrai reprendre mes affaires à Cambrai. »

Pour fortifier de plus en plus cette espérance qui lui était chère, il s'appliqua à s'excuser à ses propres yeux et finit par se persuader que son crime, après tout, n'était pas si énorme.

Ainsi en est-il de beaucoup qui trouvent des moyens d'atténuer à leurs propres yeux les fautes dont ils sont coupables. Ce n'est qu'au jugement dernier que les pécheurs endurcis comprendront l'énormité de la faute qu'ils auront commise en transgressant la loi de Dieu.

Longuet ne voyait dans son abominable crime, qu'une action toute ordinaire, sa femme le gênait, il s'en était débarrassé. Il s'agissait maintenant pour lui de se tirer d'affaire en faisant voir aux jurés la chose sous le jour où il la voyait lui-même.

Son esprit d'intrigue ne lui fit pas défaut dans cette circonstance. Il prit ses mesures pour faire réussir le plan qu'il avait formé.

Il savait qu'un prêtre du diocèse avait quelqu'influence à Douai, il lui écrivit le 9 décembre la lettre suivante :

« RÉVÉREND ET DIGNE PRÊTRE,

« *Je viens, quoiqu'en tremblant, m'adres-*
« *ser à vous si je puis m'en croire encore di-*
« *gne, vu la position malheureuse où je suis*
« *plongé, espérant en la miséricorde de Dieu,*
« *aidé de vos prières; oserai-je encore espérer*
« *que vous daignerez vous abaisser jusqu'à*
« *mon lieu de pénitence. J'élève mon âme vers*
« *Dieu en attendant vos douces paroles*
« *évangéliques.*

« *Résigné devant le Dieu* de miracle *à*
« *souffrir ce qu'il lui plaira.* »

« *Recevez, saint et digne prêtre, tout*
« *le respect dû à votre mérite.* »

« LONGUET. »

Il y a un certain cachet d'apparente humilité dans cette lettre, mais pas un mot de repentir.

Le prêtre à qui cette invitation était adressée ne répondit pas. Quelque temps après, Longuet ayant appris qu'il était à Douai, lui écrivit de nouveau. Le prêtre convaincu qu'il avait bien plus le désir de l'engager à employer son crédit auprès des membres de la cour de Douai, que de s'entendre exhorter au repentir de ses crimes, lui fit faire cette réponse :

« Je n'irai pas voir Longuet maintenant ;
» mais après son procès, s'il a encore le désir
» de recevoir ma visite, dites-lui que je serai
» tout à sa disposition.»

Cette réponse mit fin à l'insistance de Longuet qui, depuis, n'écrivit plus à cet ecclésiastique.

Mais ce qui peint mieux que la lettre qu'on vient de lire, tout ce qu'il y avait d'illusions dans l'esprit du coupable, c'est la circulaire suivante qu'il envoya à tous les doyens du diocèse de Cambrai, vers l'époque de la nouvelle année.

MONSIEUR ET VÉNÉRABLE DOYEN.

« *Il m'est bien pénible, Monsieur, de venir*
me rappeler à votre souvenir dans la position
malheureuse où je me trouve, QU'UNE MALADIE

FOUDROYANTE *m'a plongé, me mettant dans un* ÉTAT D'ABERRATION PROFONDE. *J'ai mon âme brisée de douleur et de vives regrets d'amertume. Je viens saint et digne prêtre me recommander à vos prières, pour obtenir toute la résignation de ce qu'il plaira à Dieu que je souffre en ce monde. Je prie le Dieu de miracle de m'obtenir du Dieu de miséricorde le pardon de mes fautes et d'obtenir, par la même voie, la clémence des hommes en ce qui est des choses de ce monde à mon égard. Oui j'étais l'ami des prêtres, un grand nombre d'entre eux en ont eu la preuve en différentes occasions, aussi ai-je droit d'espérer que leurs âmes charitables me seront dévouées de ce que ma position malheureuse nécessitera de démarches sous peu.* »

« *N'oubliez pas, Monsieur et digne prêtre, que je suis le père de cinq enfants dont quatre en bas âge, deux encore au berceau.* »

« *Recevez saint et digne prêtre, toute la soumission et l'humilité due à votre mérite.* »

« LONGUET, de Cambrai. »

Maison d'arrêt de Douai, 26 décembre 1856.

En marge de cette lettre, on lit :

« *Je suis abandonné de tous, excepté des prêtres.* »

Le prisonnier comprit bientôt que les prêtres n'étaient pas disposés à faire la moindre démarche pour entraver le cours de la justice humaine. On ne répondit à cette circulaire que par une énergique protestation faite au nom du clergé devant l'un des magistrats de la cour de Douai.

Mais Longuet avait tellement gravé dans son esprit cette parole qui lui avait été dite depuis sa détention, on ne sait trop dans quel but, « *Vous êtes l'ami du Clergé, vous n'avez rien à craindre*» qu'il s'était persuadé qu'il pouvait réellement user de ce moyen avec avantage. Comme si les ministres d'une religion aussi sainte, aussi ennemie du mal, pouvaient couvrir de leur protection un aussi grand coupable pour lui assurer l'impunité de ses crimes.

Nous faisons à regret diversion à notre sujet, mais comme on a cherché à exploiter au profit de l'irréligion cette parole qui a circulé dans le peuple, nous rapporterons un fait qui montrera comment un prêtre comprend son devoir en pareille circonstance.

Un missionnaire avait prêché une retraite dans une des maisons de détention du département du Nord.

Il avait été surtout édifié de la conversion d'un prisonnier qui avait fort mauvaise réputation dans cette population de coupables. Le missionnaire avait causé avec ce terrible pensionnaire sur le compte duquel on lui avait fait des récits épouvantables. Il comprit bientôt que l'occasion était l'unique cause des fautes de cet homme, et il s'appliqua à lui faire comprendre la nécessité de fuir ces occasions, s'il voulait persévérer dans les bonnes dispositions où il était alors. Le prisonnier promit sincèrement et pendant quelque temps, il fut un sujet d'édification pour tous les habitants de ce séjour si triste. Malheureusement, une fois, il fut

moins vigilant sur lui-même, et il tua un des
gardiens. Il fut traduit devant la Cour d'Assises
de Douai. A la veille du jour où il devait être
jugé, le missionnaire qui avait été pour lui
l'instrument de la grâce, se trouvait dans cette
ville. Entendant parler de l'affaire de cet
homme par l'avocat qui avait été nommé d'office
pour le défendre, le prêtre témoigna la peine
qu'il éprouvait d'apprendre que son pénitent
était ainsi retourné à ses excès; il parla ensuite
de la sincérité de sa conversion à une époque
encore peu reculée, et de l'espoir qu'il avait eu
de le rendre au bien pour le reste de
sa vie. C'était, pour l'avocat d'office une
bonne fortune que d'apprendre ces détails de
la bouche même du missionnaire. « Il ne tient
qu'à vous, lui dit-il, de sauver la vie de cet
homme; venez demain dire devant la Cour
ce que vous m'avez raconté de lui, et je ré-
ponds que nous obtenons des circonstances
atténuantes. »

« Dieu me préserve, répondit le missionnaire de chercher à suspendre le cours de la
justice, laissons-la prononcer sur le sort du
coupable quand il sera condamné, j'irai le
voir pour tenter de sauver son âme. »

Effectivement, après la condamnation, le
prisonnier reçut la visite du missionnaire. « Ah!
mon père, dit celui-ci en le voyant entrer dans
son cachot, j'ai oublié un moment vos bons
conseils et je suis retombé. »

« La miséricorde de Dieu vous offre encore
votre pardon, mon fils; vous allez mourir,
repentez-vous sincèrement, et offrez le sacri-
fice de votre vie en expiation de vos crimes.

Ce dernier conseil fut suivi par le condamné.
Nous avons voulu rapporter ce fait, pour

montrer quelle est en pareil cas, la conduite du clergé. Nous n'avons pas à nous étendre sur l'histoire de ce condamné, revenons à notre sujet.

L'AVOCAT D'OFFICE.

Si Longuet n'avait pas été au-dessous de ses affaires, il est peu probable, qu'il eût trouvé, à prix d'argent un avocat qui consentit à se charger de présenter sa défense.

Nos institutions veulent que l'accusé, quelqu'évidemment coupable qu'il soit, puisse être défendu. Longuet avait avoué ses crimes, Il ne pouvait pas y avoir l'ombre d'un doute sur sa culpabilité ; on lui choisit un avocat cependant pour le défendre devant le jury.

Ce choix fut fait avec le plus grand soin On savait tout ce qu'il faudrait de zèle, de charitable dévouement pour remplir dignement cette lourde et pénible charge, on jeta les yeux sur un avocat réellement chrétien; maître Pellieux fut désigné.

Longuet, qui s'appelait sans façon l'ami des prêtres, ne fut d'abord que médiocrement content de ce choix. Il savait qu'avec maître Pellieux, dont il connaissait l'inflexible intégrité, le plan de défense qu'il avait fait devrait être considérablement modifié. Il fit mauvais accueil à son avocat, et se plaignit même de ce qu'on lui nommait un défenseur d'office, alors qu'il avait le moyen d'en payer un. « Je n'ai pas sollicité cette charge, lui dit alors l'honorable maître Pellieux; je ne puis refuser de l'accomplir alors qu'elle m'est imposée. Si vous croyez pouvoir obtenir de choisir votre défenseur, je m'estimerai très heureux d'être débarrassé de ce soin, que je suis résigné à accomplir comme un devoir de ma profession; mais que je n'accepterais à nul prix, si j'étais libre de refuser. »

Longuet se résigna donc à être défendu par un avocat chrétien, mais que de luttes il y eut entre lui et son conseil, pour établir les moyens de défense. C'était véritablement la lutte entre le mal et le bien, entre le crime et la vertu.

L'accusé toujours dans l'illusion sur l'issue de son procès, ne songeait qu'à rechercher les moyens de justifier son abominable crime. Et souvent il disait à son avocat : « Vous ne comprenez pas bien mon affaire. »

L'avocat dans ces luttes de chaque jour, sentait se fortifier en lui cette répulsion qu'inspire tout naturellement le criminel à l'homme vertueux. Il n'y avait pas même dans ce coupable l'apparence d'un repentir.

On conçoit tout ce que le défenseur dut souffrir et on ne s'étonne pas qu'il se soit plus d'une fois senti sur le point de succomber à la tâche.

Nous nous demandons en écrivant ces lignes s'il nous est permis de commettre une indiscrétion? Et pourquoi non, puisque cette indiscrétion deviendra un sujet d'édification pour ceux qui liront cette brochure.

Longuet voulait, et cet homme avait une volonté de fer, il voulait faire entendre des témoins pour établir des menaces et même des actes de violence de la part de sa femme, L'avocat résista avec énergie et même avec indignation à ce projet odieux en faisant remarquer à celui qui était devenu son client que non-seulement ce serait une grande maladresse mais, aussi et surtout une infâme lâcheté à l'égard d'une femme, de sa femme qu'il avait assassinée.

Le coupable ne comprit pas alors toute la portée de l'infâmie qu'il aurait ajoutée par là à tant d'infâmies, mais enfin il céda aux représentations de son avocat.

Qu'on note bien ce fait: nous aurons à faire remarquer dans la deuxième partie de cette brochure comment Longuet a reconnu la droiture de conscience de celui contre *les scrupules* duquel il murmurait alors.

Cependant le jour de la justice approchait et l'avocat, après avoir repoussé les moyens odieux que l'accusé voulait lui fournir, se demandait: « Que pourrai-je alléguer pour la défense de cet homme. »

Dieu devait se charger de l'aider dans ce pénible ministère et lui réservait pour prix de son zèle à accomplir chrétiennement son devoir une récompense infiniment plus précieuse à ses yeux que tous les trésors du monde.

LE JOUR DE LA JUSTICE.

Le 11 février, bien avant l'heure, une foule compacte se pressait aux abords du Palais-de-Justice de Douai. Au milieu de cette foule, on distinguait bon nombre de visages cambrésiens.

De la grille du Palais à la prison, une masse compacte de curieux stationnait pour contempler les traits du trop célèbre accusé. Il avait demandé la veille qu'on lui accordât de faire ce trajet en voiture, mais sa demande n'avait pas été accueillie. Il devait, avant d'ouïr la justice qui rend ses arrêts avec calme, entendre les malédictions et les huées d'indignation de la foule.

Vers neuf heures, le matelas couvert encore du sang de la victime, l'édredon et un sac contenant toutes les pièces de conviction étaient apportés au Palais.

On crut que l'assassin suivait de près ces témoins muets du crime du 6 novembre. Il y eut alors un brouhaha épouvantable dans cette foule impatiente d'envisager le coupable; à peine le calme s'était-il nn peu rétabli après cette fausse alerte que le sinistre cortége arrivait escorté des vociférations de la multitude.

Longuet marchait entre huit gendarmes et quatre agents de police qui avaient grand'peine à contenir la foule.

Triste préface pour lui du jugement auquel il venait assister.

A l'intérieur dn Palais, la salle où devaient avoir lieu les débats commençait à se garnir. Quelques privilégiés avaient pu déjà s'y installer convenablement. Il était évident que l'enceinte ne contiendrait pas la moitié de ceux qui aspiraient à assister à cette terrible audience.

Les tribunes se garnissent enfin de femmes qui les envahissent avec un empressement qne nous avons peine à concevoir; les portes s'ouvrent à la foule qui se rue dans la salle et qui est contenue difficilement par les nombreux chasseurs qui ont pour consigne d'empêchcr qu'on n'envahisse les bancs réservés aux témoins. Ceux-ci viennent prendre place à leur tour, puis MM. les jurés arrivent dans la salle, puis les avocats du barreau de Douai.

On cherche des yeux et on se désigne du doigt les témoins; l'un d'eux attire surtout l'attention et l'on prévoit qu'une accusation écrasante pèsera sur lui.

A 9 heures et demie, MM. les jurés sont invités à passer dans la salle des délibérations pour tirer au sort les noms de ceux qui seront appelés à prononcer sur la culpabilité de l'accusé.

PROCÈS ET CONDAMNATION

à la peine de Mort

DE MAXIMILIEN - NAPOLÉON

LONGUET.

—

Séance de la Cour d'assises de Douai du

11 février 1857,

—

A neuf heures trois quarts l'accusé est introduit. Tous les regards se portent sur lui, il
ne laisse voir que la moitié de son visage. Il
promène pendant quelques instants un regard
stupide sur l'auditoire où il semble chercher
quelques personnes de sa connaissance. L'aversion qu'il inspire, lui fait bientôt détourner les
yeux; son regard demeure alors incertain, comme il le sera jusqu'à la fin de la séance.

Sa vue inspire l'aversion; ceux qui le voient
pour la première fois sont vivement impres-
sionnés par cette tête chauve et raboteuse.
Ceux qui l'ont connu avant son arrestation sont

frappés de le voir aussi vieilli. Son front est sillonné de rides nombreuses.

De l'accusé sur le visage duquel on cherche vainement quelque chose qui puisse intéresser en sa faveur, les regards se portent sur le défenseur qui est là, devant celui dont il est chargé de disputer la tête à la justice. On se demande quel moyen il pourra essayer de faire valoir en faveur du misérable qu'il lui a été imposé de défendre.

Le respectable avocat trouve déjà dans le sentiment qui anime cette foule le début de son plaidoyer, nous l'entendrons plus tard.

Il est dix heures, on annonce la cour et le silence s'établit enfin.

M. le président. — Accusé, levez-vous. Comment vous appelez-vous?

L'accusé. — Maximilien-Napoléon Longuet.

D. — Votre âge?

R. — 47 ans

D. — Votre profession?

R. — Marchand de toiles.

D. — Où demeurez-vous?

R. — A Cambrai.

D. — Où êtes-vous né?

R. — A Verly, arrondissement de Vervins.

M. le président. — Asseyez-vous.

(A l'avocat défenseur) Monsieur, je vous avertis que vous ne devez rien dire contre votre conscience et contre le respect dû aux lois et que vous devez vous exprimer avec décence et modération. (Aux jurés) Messieurs les jurés, veuillez vous lever et prêter le serment suivant : Vous jurez et promettez devant Dieu et devant les hommes d'examiner, avec l'attention la plus scrupuleuse, les charges qui seront portées contre Maximilien-Napoléon Longuet, de ne trahir ni les intérêts de l'accusé ni ceux de la société qui l'accuse, de ne communiquer avec personne jusqu'après votre déclaration, de n'écouter ni la haine et la méchanceté, ni la crainte et l'affection, de vous décider d'après les charges et les moyens de défense, suivant votre conscience et votre intime conviction, avec l'impartialité et la fermeté qui conviennent à un homme probe et libre.

Chacun des jurés appelé individuellement par M. le président, répond en levant la main: Je le jure.

M. le président. — Accusé, soyez attentif à ce que vous allez entendre dans l'acte d'accusation. (*L'accusé s'efforce de pleurer.*)

M. le président (au greffier). — M. le greffier; veuillez donner lecture du renvoi de Longuet devant la cour d'assises et de l'acte d'accusation.

Le greffier, au milieu du plus profond silence, donne lecture du renvoi de Longuet et de l'acte d'accusation dont voici la teneur.

ACTE D'ACCUSATION.

Le six novembre 1856, vers six heures du matin, Joséphine Robinet, servante des époux Longuet, après avoir vaqué aux premiers soins du ménage, se dirigea vers la chambre de sa maîtresse, qui, contrairement à ses habitudes, n'était pas encore levée et n'avait point paru dans la cuisine, la porte de cette chambre était entrebâillée; elle ne tarda pas à remarquer un désordre inaccoutumé: les matelas du lit jonchaient le plancher. Saisie de frayeur, elle se rendit chez une amie de la dame Longuet en la priant de venir reconnaître avec elle ce qui était arrivé. Celle-ci et quelques autres personnes pénétrèrent dans la maison et après avoir soulevé les matelas découvrirent le corps de la dame Longuet.

Les traces de sang qui se trouvaient sur le plancher, les blessures qui se remarquaient sur la tête de cette femme, annonçaient qu'elle était morte victime d'un assassinat.

L'examen des lieux opéré par la justice fit bientôt connaître que l'assassin s'était introduit dans la maison après avoir forcé un volet, brisé un carreau de vitre et escaladé la fenêtre de la cuisine. Une armoire ouverte à deux battants contenait du linge bien plié et bien rangé; une cassette pratiquée dans l'intérieur de cette armoire renfermait une somme de 200 francs en pièces de cinq francs, une montre et une chaîne en or. Ces circonstances indiquaient que le crime commis sur la dame Longuet n'avait point eu la cupidité pour mobile.

Sous un édredon et deux matelas superposés, gisait le cadavre de cette malheureuse femme couchée sur le côté gauche, les deux mains rapprochées à la hauteur du visage, comme si dans son agonie elle avait voulu se garantir la figure ou la tête.

A quelques distances du cadavre on remarquait une mare de sang assez considérable, la porte du foyer d'une cuisinière en fonte avait été brisée et sur cette porte on reconnaissait les marques d'une main ensanglantée.

Tout ce qui composait le lit de la femme Longuet, à part le sommier élastique, était couvert de sang en plus ou moins grande quantité, le bois du lit lui-même et les rideaux en contenaient quelques taches. Il était évident que la victime avait été surprise et frappée pendant son sommeil, qu'elle avait lutté avec son assassin, que saisie de nouveau et jetée sur le poële dont elle avait brisé la porte, elle était venue tomber à quelques pas de son lit, qu'agonisante elle avait été étouffée sous le matelas qui avait été jeté sur le sol pendant la lutte.

Les hommes de l'art procédèrent à la visite et à l'autopsie du cadavre ; après avoir signalé des contusions et des ecchymoses aux bras et aux jambes ils constatèrent sur la tête neuf plaies pénétrant jusqu'à l'os et paraissant toutes produites par un instrument contondant ; la poitrine offrait les traces d'un engorgement considérable à l'intérieur. Les conclusions de leur rapport étaient: 1° que la mort de la femme Longuet avait dû avoir lieu quatre à cinq heures après son dernier repas et qu'elle remontait à cinq ou six heures avant leur visite qui avait commencé a sept heures et demie du matin ;

2° Qu'elle avait eu lieu par asphyxie; qu'elle ne pouvait être attribuée aux coups inférés sur la tête, puisqu'aucun d'eux n'avait dépassé les limites des parties molles et n'avait amené d'épanchement interne; qu'à la suite de l'ébranlement, de la commotion et de la perte de sang produits par ces violences, l'asphyxie par les matelas avait été rendue plus facile;

3° Qu'un marteau avait bien pu servir à produire la plupart des lésions observées sur la tête.

Pendant la levée du corps et lors de la visite, les magistrats instructeurs avaient recueilli diverses pièces à conviction, entr'autres un bouton en soie paraissant provenir d'un gilet et contenant un bout de fil arraché, une corde neuve dite corde en main toute souillée de sang.

Dans le cabinet noir du premier étage on découvrit un rouleau de corde neuve semblable à celle trouvée près du cadavre et dans la cave près d'un tas de charbon un marteau dont le manche conservait des taches de sang.

Toutes ces circonstances tendaient à établir que le crime avait été commis par une personne de la maison.

La servante, Joséphine Robinet, dont la contenance paraissait embarrassée et qui d'ailleurs déclarait n'avoir rien entendu pendant la nuit, fut mise en arrestation. Un mandat d'arrêt fut immédiatement lancé contre Longuet qui vivait en assez mauvaise intelligence avec sa femme et à qui la notoriété publique attribuait divers crimes jusque-là restés impunis. L'accusé était parti le cinq novembre de Cambrai pour se rendre à Douai et de là à Marcq-en-Barœul. Le 7, avant l'exécution du mandat décerné contre lui, prétendant avoir appris à la gare du chemin de fer de Douai le crime qui avait été commis sur la personne de la femme d'un marchand de toile, qu'il présumait être la sienne, il était revenu en toute hâte espérant par son empressement détourner les soupçons de la justice.

Interrogé par le juge d'instruction il protesta de son innocence, raconta l'emploi de la journée du cinq et invoqua un alibi qu'il eût été difficile de déjouer si sur le lieu du crime on n'avait trouvé des témoins muets qui mieux que les témoignages humains ont arraché à Longuet l'aveu de son forfait.

Dans un second interrogatoire, pressé par le magistrat instructeur qui lui fit comprendre les contradictions dans lesquelles il était entré la veille, et lui montra les différents objets trouvés sur le lieu du crime et notamment le bouton qui manquait à son gilet, il fut pris d'une émotion subite et s'écria : *Oui, c'est moi qui suis le coupable ! Pauvres enfants ! c'est pour eux que j'ai commis ce crime ! car ma femme me ruinait et les excitait à la révolte contre moi.*

Il raconta alors en quelques mots la scène telle qu'elle s'était passée, mais il n'en donna pas tous les détails. Il fut reconduit dans la maison d'arrêt.

Ramené quelques heures après devant le juge d'instruction, il compléta ses aveux. Ils ne se bornèrent pas aux détails relatifs au drame qui s'était accompli dans la nuit du 5 au 6 novembre, mais ils s'étendirent à d'autres crimes jusqu'à ce jour couverts de l'impunité et dont la justice des hommes a encore à lui demander compte.

A la suite d'une discussion provoquée par un voyage que la femme Longuet, à l'insu de son mari, avait fait à Paris pour y aller voir son fils, soldat au 3me de ligne, deux mois environ avant le 5 novembre, l'accusé avait conçu le projet de son crime, et le 2 novembre il en avait arrêté l'exécution. Sa pensée était d'étouffer sa femme à l'aide d'une corde et de son édredon. Ce même jour il s'était emparé dans le cabinet noir, au premier étage, d'une corde dont un bout a été ramassé dans la chambre de la victime et dont deux autres, sur les indications du coupable, ont été retrouvées derrière une armoire dans le cabinet contigu, puis, pour détourner les soupçons, il avait résolu de faire un voyage et de revenir dans la nuit pour mettre son projet à exécution.

Il partit de Cambrai pour Douai le 5 novembre avec la corde dont il voulait faire usage et arriva dans cette dernière ville après avoir fait quelques affaires à Cantin.

Vers 7 heures après le diner, qu'il prit à table d'hôtel, il se rendit à sa voiture pour prendre une seconde paire de chaussures avec laquelle il monta à sa chambre après avoir reçu un bougeoir à la cuisine.

Il changea de vêtement, puis ayant laissé ses chaussures à la porte et éteint sa bougie, il descendit sans rencontrer personne ni sur l'escalier ni dans la cour, il prit la route de Cambrai où il arriva à 10 heures 45 minutes, et se dirigea vers sa maison : n'entendant aucun bruit dans la rue il se déchaussa et passa ses souliers sous la porte de la remise.

Il s'approcha du volet de la cuisine dont il souleva la tringle qui était détachée dans sa partie inférieure et fit jouer avec le doigt le fléau qui le retenait fermé ; à l'aide d'un couteau il dégagea le mastic de la moitié d'un carreau, brisa la vitre et la plaça à l'intérieur, puis faisant jouer la clavette il poussa les battants de la croisée, escalada la fenêtre et entra dans la cuisine. Passant dans la cour, il alla prendre ses souliers dans la remise, mais réfléchissant qu'il était plus prudent de ne pas les mettre, il les déposa dans le corridor, près de la cabane d'un petit chien, qui ne donna point de la voix ; l'accusé entra ensuite dans la chambre attenante à celle de sa femme.

Dans cette pièce reposait un enfant de deux ans que sa présence ne réveilla point. Il se rendit ensuite dans celle où était couchée sa femme ; croyant remarquer qu'elle n'était pas profondément endormie, il revint se coucher sur un lit de maître qui se trouvait dans la chambre de l'enfant ; il se releva bientôt et muni d'un marteau qu'il avait été prendre dans la cave, il s'introduisit de nouveau dans la chambre de sa femme, puis plaça son arme sur une chaise, près du lit, de manière à l'avoir sous sa main, s'il ne réussissait pas dans son projet d'étouffer sa victime avec l'édredon.

Se servant alors de sa corde, il la passa sous le bois de lit, la fit glisser jusqu'à la hauteur de la tête environ, puis ayant mis l'édredon sur la figure de sa femme, il l'appuya avec vigueur en le serrant avec sa corde. Celle-ci s'étant brisée, il saisit son marteau et en donna deux coups à sa victime qui poussa quelques cris. Ramenant l'édredon sur elle et montant sur le lit, Longuet s'étendit sur sa femme pour l'étouffer : cette dernière se débattit violemment et tomba du lit avec un des matelas, mais saisie de nouveau par son assassin elle alla tomber sur le poêle dont elle brisa une porte en fonte. Traînée au milieu de la chambre et frappée à coups de marteau elle resta agonisante sur le plancher. L'accusé plaçant alors un matelas sur elle fit tous ses efforts pour l'étouffer. *Il resta ainsi pendant une demi heure disant des prières pour le repos de son âme.*

Ayant remarqué que sa victime ne faisait plus de mouvement, il ralluma une veilleuse qu'il avait éteinte pendant la perpétration de son crime pour ne pas être reconnu de celle qu'il assassinait d'une manière aussi atroce, se rendit dans la cuisine où il lava dans un seau d'eau ses mains couvertes de sang ainsi que le marteau dont il s'était servi et qu'il jeta dans la cave.

Vers trois heures et demie il sortit de la maison par la voie qu'il avait suivie en entrant, et se dirigea vers la porte de Selles afin de profiter de l'ouverture de cette porte pour le passage de la voiture qui part de Cambrai à destination de Douai vers 4 heures.

Il parvint à sortir sans être remarqué soit du portier consigne, soit des personnes qui se trouvaient dans la voiture. Arrivé à Douai à 9 heures il se rendit à son hôtel et gagna sa chambre, n'ayant été vu que d'un garçon de salle.

Il se coucha quelques instants, puis s'étant levé il chercha à enlever, avec de l'eau chaude et une brosse, les tâches de sang qui se trouvaient sur sa chemise et sur ses vêtements. Il alla placer ses chaussettes maculées de sang et de boue sous un des coussins de sa voiture, et le lendemain lorsqu'il apprit ou feignit d'apprendre la nouvelle de la mort de sa femme, il alla les jeter dans une des fosses d'aisance de l'hôtel où sur ses indications elles ont été retrouvées.

Devant le juge instructeur, Longuet a protesté qu'il était seul coupable, que les soupçons qui planaient sur sa domestique n'avaient pas de fondement, que personne n'avait eu la confidence de son crime.

En présence de ces aveux si explicites, Joséphine Robinet fut mise en liberté.

Une fois entré dans la voie des révélations, Longuet ne s'arrêta pas à l'assassinat de sa femme, il se reconnut coupable de deux autres crimes dans les circonstances suivantes :

Le 28 janvier 1850, la demoiselle Joséphine Choquenet, couturière au service de Longuet, son cousin germain par alliance, dîna avec son père et l'accusé; elle était en parfaite santé; quelques heures après elle était en proie à de violentes douleurs de ventre et à des vomissements. Ayant reçu les soins du docteur Chantreuil de Cambrai, médecin de la famille, elle confessa que se croyant enceinte elle avait été trouver le docteur Delporte, que celui-ci l'avait *travaillée*, fait beaucoup souffrir et avait exigé d'elle la promesse d'une somme de 300 francs. Toutes les ressources de l'art devaient être impuissantes pour conserver Joséphine Choquenet à sa famille, elle succomba vingt-quatre heures après les premières douleurs qu'elle avait éprouvées.

Une instruction fut ouverte contre Delporte, et ce dernier fut renvoyé devant les assises, pour y répondre du chef d'avortement pratiqué sur la personne de Joséphine Choquenet, et de blessures volontaires faites avec préméditation sur cette jeune fille, sans intention de donner la mort, mais l'ayant cependant donnée.

A l'audience du 8 août 1850, Delporte parvint à être acquitté.

Les poursuites dirigées dans cette affaire n'avaient atteint que Delporte. Si quelques vagues soupçons s'étaient répandues dans le public sur la participation plus ou moins directe de Longuet au crime imputé à ce médecin, ils n'avaient pas eu assez de consistance pour motiver l'exercice de l'action publique contre lui. Ses aveux aujourd'hui, démontrent que si Delporte a été l'instrument des mesures employées pour faire avorter Joséphine Choquenet, c'est l'accusé qui, par dons ou promesses, a provoqué ce médecin à commettre le crime pour lequel il a été traduit et jugé en cour d'assises.

Voici en effet ce qui résulte de ses déclarations consignées dans son interrogatoire du dix novembre:

La froideur de sa femme pour lui l'avait déterminé à entretenir des relations avec Joséphine Choquenet, sa cousine, qui était alors à son service. Celle-ci se croyant enceinte et menaçant de se suicider si on ne parvenait à la faire avorter, Longuet se rendit chez Delporte, lui expliqua ce qu'il attendait de lui, et lui promit 300 francs, que ce médecin demanda pour une opération qu'il avait déjà pratiquée et qui n'offrait, disait-il, aucun danger.

Cette opération fut faite hors de la présence de l'accusé, et, dès le lendemain, Delporte réclama des toiles comme à-compte des 300 francs qui lui avaient été promis; mais, vivement préoccupé de la situation dans

laquelle se trouvait Joséphine, quarante-huit heures
après l'opération, Longuet ne voulut rien donner, et
après une visite clandestine que fit Delporte auprès de
cette fille, il l'apostropha durement en lui reprochant
d'avoir tué celle qu'il avait prétendu devoir sauver du
déshonneur.

La mort de Joséphine avait causé un vif chagrin à
l'accusé. Lors des débats en cour d'assises, irrité de
ce que Delporte et son défenseur avaient fait les insi-
nuations les plus malveillantes sur son compte et lui
imputaient même d'avoir exercé sur sa maîtresse les
manœuvres qui avaient procuré son avortement, il
conçut l'idée de se venger. Il craignait d'ailleurs que
Delporte ne lui causât préjudice à Cambrai en répan-
dant des bruits qui n'avaient déjà eu que trop de re-
tentissement dans l'enceinte de la cour d'assises.

Dans cette pensée il acheta à Laon un sabre qu'il fit
affiler, et, six semaines environ après, sachant que
Delporte donnait ses soins à la femme d'un sieur Escalier aubergiste à Cambrai, il vint sonner à sa porte et
l'engagea à se rendre auprès d'elle. Delporte se dirigea vers la maison de la personne qui lui était désignée
lorsque Longuet se précipita sur lui et lui asséna deux
violents coups de sabre *dans la pensée ou de le tuer ou
de le faire taire*; il jeta ensuite le sabre dans le canal
de Saint-Quentin. Ce dernier crime avait été commis
le 11 octobre 1850.

L'information qui fut suivie à cette époque fait connaître que ce même jour, à cinq heures du matin, Delporte fut en effet réveillé par le bruit de la sonnette qui
se trouve à sa porte. Il se mit à la fenêtre et vit un individu vêtu d'une blouse bleue qui lui cria: « *Vite,
monsieur Delporte, on vous demande chez M. Escalier,
à la Fontaine-d'Or.* »

Pendant que le médecin s'habillait, l'individu qui était
venu l'appeler, prit la direction de la maison dans laquelle Delporte devait se rendre, puis revint sur ses
pas et entra dans une rue voisine.

A peine sorti de chez lui, Delporte se voyant suivi par
l'individu qui était venu l'appeler, hâta le pas, mais re-
joint bientôt par lui, il reçut plusieurs coups de sabre
qui le terrassèrent. Aux cris poussés par Delporte, plusieurs personnes accoururent. L'assassin prit la fuite
et put échapper aux poursuites d'un soldat du 8e régi-
ment de lanciers qui était arrivé sur le lieu du crime,
pensant que c'étaient des fantassins qui se battaient.

Les blessures faites à Delporte étaient graves. Le
médecin chargé de les constater déclara que ces blessures au nombre de neuf, avaient été faites par un instrument tranchant et énergiquement manié, tel que
serait un sabre briquet dans une main solide, qu'au-

cune de ces lésions n'était mortelle par elle-même, mais que vu leur nombre et la position de quelques-unes, comme celles de la tête, l'état de la victime était grave par les complications qui pourraient survenir, tels que érysipèle, meningite, etc, etc, que l'incapacité du travail serait certainement de plus de vingt jours et que des infirmités et des difformités en seraient les conséquences certaines. Delporte avait eu une oreille et deux doigts coupés.

Au moment où Delporte s'était mis à sa fenêtre, il avait cru reconnaître, dans l'individu qui l'avait appelé, Louis Choquenet père de la jeune fille qui avait succombé, aux suites des manœuvres exercées sur elle pour la faire avorter. Ce dernier l'avait menacé dans plusieurs circonstances; aussi le désigna-t-il constamment au juge instructeur. Arrêté préventivement, il ne fut mis en liberté que le 2 novembre, après une minutieuse information qui démontra son innocence jusqu'à l'évidence.

Quant à Longuet que Delporte prétend à tort aujourd'hui avoir dénoncé à la justice comme auteur de la tentative d'assassinat commise sur lui, il ne fut pas compris dans les poursuites. Il parlait quelques instants après avoir commis le crime afin d'écarter tous les soupçons.

Tels sont les trois crimes que la procédure révèle contre Longuet.

En conséquence ledit Maximilien-Napoléon Longuet est accusé d'avoir:

1° Dans la nuit du cinq au six novembre 1856, à Cambrai, volontairement homicidé Marie-Anne-Sophie Laurent, sa femme;

Avec la circonstance que cet homicide volontaire aurait été commis avec préméditation:

2° En janvier mil huit cent cinquante, à Cambrai, par dons ou promesses, provoqué à l'avortement de Joséphine Choquenet, alors enceinte, lequel avortement aurait été procuré à l'aide de violence ou de tout autre moyen;

Avec la circonstance que l'auteur de cet avortement était médecin;

3° En octobre 1850, à Cambrai, tenté d'homicider volontairement Eugène-Joseph Delporte, laquelle tentative manifestée par un commencement d'exécution, n'a été suspendue ou n'a manqué son effet que par des circonstances indépendantes de la volonté de son auteur.

Avec la circonstance que cette tentative d'homicide volontaire aurait été commise avec préméditation.

Crimes prévus par les articles 2, 59, 60, 295, 296, 302 317 du Code pénal.

M. le président (au prévenu). — Vous êtes accusé d'avoir provoqué à l'avortement de Joséphine Choquenet, d'avoir tenté d'assassiner Eugène-Joseph Delporte, médecin à Cambrai, d'avoir en dernier lieu, assassiné votre femme Marie-Anne Sophie Laurent. Vous allez entendre les charges qui pèsent contre vous.

L'huissier procède à l'appelle des témoins qui sont au nombre de quinze. Ils se retirent dans la salle qui leur est réservée.

INTERROGATOIRE DE LONGUET.

M. le président (à l'accusé). — Vous voyez bien que le sceau qui ferme ce sac est intact. — Oui. — Huissier ouvrez-le. — L'huissier l'ouvre et en extrait pour les placer sur la table, différents paquets parmi lesquels on remarque des cordes, des gilets.

M. le président. — Longuet levez-vous.

Longuet se lève, tenant toujours son mouchoir sur la figure; un gendarme le lui enlève.

D. Quand vous êtes-vous marié?

R. Il y a environ vingt-deux ans.

D. Combien avez-vous eu d'enfants avec votre femme?

R. Quatorze.

D. Combien vous en reste-t-il?

R. Cinq.

D. Quel âge a l'aîné

R. 20 ans.

D. Le second

R. 8 ans et demi

D. Vous en aviez un en pension à Marcq-en-Barœul?

R. Oui.

L'accusé fait connaître qu'il a deux enfants en bas-âge.

D. En 1849, vous aviez chez vous Joséphine Choquenet; elle y était plutôt en qualité de parente de votre femme que comme votre domestique. Conséquemment vous auriez dû la respecter et vous l'avez séduite. Dans votre interrogatoire devant M. le juge d'instruction, voici comment vous avez cru pouvoir expliquer votre conduite. « Je n'inspirais pas d'affection à ma femme. »

L'accusé garde le silence.

D. Quand vous avez vu que votre malheureuse nièce était enceinte, vous avez voulu la faire avorter.

L'accusé.— Non c'est elle qui l'a voulu.

M. le président. C'est bien vous, vous aviez intérêt à conserver votre réputation, à détourner l'odieuse accusation qui devait nécessairement tomber sur vous quand le public serait informé du résultat de vos coupables relations avec Joséphine. Nous savons que MM. les Jurés auront l'occasion d'apprécier comment vous savez vous débarrasser de ce qui vous gène.

Expliquez-vous sur la manière dont vous vous y êtes pris pour déterminer un médecin à accomplir ce que vous aviez résolu.

Ici l'accusé raconte comment il amena le sieur Delporte à accueillir sa proposition, et il entre dans quelques détails sur les opérations auxquelles fut soumise la malheureuse Joséphine.

Le 28 janvier entre 9 et 10 heures elle sortit de chez Longuet pour subir l'opération, elle revint vers 11 heures, dîna comme de coutume, ce n'est que plus tard qu'elle a ressenti les premières douleurs du mal qui devait la faire mourir le trente.

M. le président.—Et c'est par suite de ces opérations qu'elle est morte le 30 janvier à 3 heures du matin?

L'accusé.— Oui.

D. Ensuite est-ce que Delporte n'est pas venu vous reparler de tout cela.

R. Il m'a conseillé de mettre cette mort sur le compte du médecin de la famille.

D. Vous étiez convenu avec lui d'un prix pour

ces opérations, — vous deviez lui donner 300 francs, qu'est-ce que vous lui avez donné en définitive sur cette somme?

R. Rien. Je lui avais promis des toiles.

D. Mais enfin vous êtes obligé d'avouer que vous aviez recouru au médecin, vous convenez que pour le décider vous lui aviez offert 300 fr. payables en toiles ou autrement peu importe. Combien comptiez-vous lui donner de toile?

R. Je n'avais pas calculé ça.

D. La mort de Joséphine ne vous délivrait pas de toute inquiétude, vous aviez pensé que Delporte serait condamné, mais comme il a été acquitté, vous avez cherché à vous en débarrasser, car il pouvait vous compromettre. Qu'aviez-vous résolu?

L'accusé ne répond pas.

D. Vous avez dit dans un de vos interrogatoires : *J'ai résolu de le tuer, car je ressentais du vide de Joséphine?*

R. Je n'ai pas dit cela, c'est le juge d'instruction qui l'a écrit.

D. N'avez-vous pas été à Laon, et n'y avez-vous pas acheté un sabre?

R. Si, monsieur.

D. Pourquoi avez-vous acheté ce sabre?

R. Pour me défendre en voyage.

D. N'avez-vous pas fait aiguiser ce sabre à Laon? Comment était-il?

R. Je l'ai fait aiguiser, mais il n'y avait pas de fourreau.

D. Comment! il n'y avait pas de fourreau, mais vous ne pouviez pas voyager avec un sabre sans fourreau; que vouliez-vous donc faire de cette arme?

R. J'avais un projet à exécuter.

D. Qu'entendez-vous par un projet?

R. Tuer Delporte, parce qu'il faisait peur à ma femme qui voulait absolument quitter Cambrai.

D. A cette époque, vous alliez souvent à l'auberge de la *Fontaine d'Or*. tenue par la dame Escalier?

R. Non, monsieur.

D. Une femme viendra dire tout à l'heure qu'elle vous y a vu souvent, et qu'un jour ayant entendu prononcer votre nom, elle s'était avancée sur le seuil de la chambre où vous étiez pour voir l'homme dont elle avait entendu plusieurs fois parler, à propos de la mort subite de la fille Choquenet.

Le 11 octobre, vers quatre heures et demie du matin, vous avez été sonner chez Delporte, en disant qu'on le demandait sur le champ chez la dame Escalier qui se trouvait, disiez-vous, beaucoup plus mal, et cela, parce que vous saviez que Delporte lui donnait des soins?

R. Ce n'est pas moi.

D. Pourquoi avez-vous été appeler Delporte?

R. Je ne sais pas.

L'accusé est tout interdit; il fait à M. le président des réponses incohérentes; il voudrait montrer qu'il n'est pas coupable, et cependant les aveux qu'il a faits précédemment devant M. le juge d'instruction, le forcent à dire oui, alors qu'aujourd'hui il voudrait dire non.

D. C'est vous qui avez été sonner chez Delporte?

R. Oui.

D. Quelle était votre intention?

R. De le faire sortir.

D. Quand il est passé auprès de vous dans la rue, vous lui avez asséné sur la tête plusieurs coups du sabre que vous aviez été acheter à Laon.

R. Oui, monsieur; mais je ne voulais pas le tuer; je voulais le faire taire?

D. Comment vous êtes-vous soustrait à la poursuite d'un soldat du 8me lancier accouru sur les lieux aux cris poussés par Delporte?

R. Je me suis sauvé, et j'ai pu le faire facilement, car il faisait encore noir, et j'étais à pieds de bas.

D. Vous êtes rentré alors chez vous et vous avez fait vos dispositions pour quitter immédiament Cambrai afin d'éviter tout soupçon ; c'est là votre manière d'agir en pareille circonstance.

R. Oui.

D. Le sabre vous l'avez jeté dans le canal de Saint-Quentin et on ne l'a pas retrouvé depuis lors.

R. C'est vrai.

D. Comment viviez-vous avec votre femme?

R. Nous nous entendions assez bien, elle était très-bonne femme de ménage.

D. Pourquoi donc avez-vous dit à M. le juge d'Instruction qu'elle vous ruinait et excitait vos enfants à la haine contre vous?

R. Je n'ai pas dit cela, c'est le juge d'instruction qui a commencé par me dire: que ma femme me ruinait, j'ai répondu oui je ne savais plus alors ce que balbutiais. Je disais oui ou non sans y penser.

D. Ne cherchiez-vous pas dispute à votre femme parce qu'elle ne voulait pas renvoyer de chez vous la fille Robinet, votre servante?

R. Non.

D. Au mois d'octobre dernier n'avez-vous pas eu contre votre femme un grief plus particulier?

R. Je ne me le rappelle pas.

D. N'est-ce pas à cause d'une somme de dix francs dont elle ne vous a pas rendu compte, somme qu'elle a envoyée à votre fils aîné?

R. Je crois que si.

D. C'est donc pour ce motif, comme vous l'avez avoué d'ailleurs devant M. le juge d'instruction, que vous avez prémédité votre crime.

L'accusé ne répond pas.

D. Eh bien! est-ce vrai?

R. Je ne sais pas si j'ai expliqué ça comme vous dites.

D. Quel jour êtes-vous parti de Cambrai pour Douai n'est-ce pas le cinq?

R. Si.

D. En partant de Cambrai, n'avez-vous pas eu une discussion avec votre femme.

R. Si, parce qu'elle n'a pas voulu m'embrasser.

D. A quelle heure êtes-vous arrivé à Douai?

R. Vers cinq heures du soir.

D. Vous vous êtes mis à table; puis, après votre repas, vous avez été prendre une deuxième paire de chaussettes qui se trouvaient dans votre voiture?

R. Oui, monsieur.

D. Est-ce celle-là que vous avez déposée à la porte de la chambre à coucher de votre hôtel?

R. Non, monsieur.

D. Que fîtes-vous ensuite?

R. Je changeais de vêtement et je partis pour Cambrai.

D. Qui avez-vous rencontré en quittant l'hôtel?

R. Personne.

D. Vous êtes parti à pied pour Cambrai?

R. Oui.

D. Pendant tout le temps de la route, vous avez voyagé avec la pensée du crime que vous alliez commettre ?

R. Je ne savais pas si je le commettrais ou si je ne le commettrais pas.

D. Vous aviez sur vous la corde que voici ?

R. Oui, monsieur.

M. le président. — Je vais vous donner lecture du passage de l'acte d'accusation relatif à l'état dans lequel se trouvait la fenêtre de votre cuisine, le 6, à 7 heures du matin.

D. Est-ce vous qui l'avez ainsi fracturée?

R. Oui, en sortant.

D. Par où êtes-vous donc entré?

R. Par la fenêtre d'en haut.

D. A quelle hauteur est cette croisée ?

R. A 3 mètres environ.

D. Devant M. le juge d'instruction vous avez

dit que vous étiez entré par une croisée de la cuisine qui se trouve au rez-de-chaussée?

R. Non, je ne savais plus ce que je disais. — Je suis entré par une croisée du haut.

M. le président. — Contrairement à vos premiers aveux, vous prétendez avoir passé par une croisée du haut; mais qu'importe?

D. Vous vous êtes déchaussé avant d'entrer chez vous? En convenez-vous?

R. Oui.

D. Une fois entré, que fîtes-vous?

R. Je ne le sais pas.

D. Où avez-vous mis vos souliers? voici ce que vous devez vous rappeler.

R. Auprès d'une niche à chiens qui se trouve dans le corridor.

D. Auprès de la chambre occupée par votre femme, ne s'en trouve-t-il pas une autre où il y avait un berceau, un lit d'enfant et un lit de maître?

R. Oui, monsieur le président.

D. C'est dans cette dernière chambre que vous vous êtes introduit?

R. Oui.

D. Qu'avez-vous fait alors? N'avez-vous pas quitté votre veste, parce que vous étiez fatigué?

R. Je n'étais pas fatigué.

D. Vous vous êtes couché sur un lit de maître, pourquoi?

R. Je m'y suis couché un moment, puis j'ai été tirer à la cave quelques verres de boissons.

D. Aujourd'hui vous niez de vous être reposé. De cette chambre vous pouviez entendre le souffle de votre femme, car, comme il a été constaté, la porte était entr'ouverte.

D. Votre femme était sourde?

R. Oui.

D. Quand avez-vous été chercher ceci? (en montrant un marteau)

R. Quand j'ai été chercher de la boisson.

D. Pourquoi l'avez-vous pris et l'avez-vous porté dans la chambre de votre femme?

R. Il est tombé sous mes pieds et je l'ai ramassé.

Le procureur général—Expliquez de nouveau aux jurés à quoi vous vouliez faire servir ce marteau?

R. Je l'ai expliqué.

D. Vous avez eu soin de le mettre sur une chaise, afin de l'avoir sous la main pour le cas où vous ne réussiriez pas avec la corde?

R. Je ne sais pas au juste ce que je prétendais faire.

D. Vous avez frappé votre femme avec le marteau?

R. Je crois que oui.

D. Vous avez apporté de Douai une corde que vous destiniez à la strangulation de votre femme; n'avez-vous point passé cette corde sous le lit de manière à la ramener sur la tête de votre femme?

R. Oui, mon intention était d'étouffer ma femme. Je plaçais alors l'édredon sur sa tête et croyant le moment venu, je serrai fortement, mais la corde se brisa.

D. Vous aviez éteint la veilleuse pour ne pas être reconnu?

R. Oui.

D. Pendant cette scène votre femme s'est-elle réveillée?

R. Oui.

D. Qu'a-t-elle dit?

R. Qui est-ce qui est là à mon lit?

D. Elle n'a pas réclamé ses enfants?

R. Elle a parlé d'un seul.

D. Qu'avez-vous fait quand vous l'avez entendu crier?

R. Je l'ai frappé avec le marteau.

D. Combien de fois l'avez-vous frappée?

R. Une fois ou deux.

M. le président rappelle à Longuet le passage de l'interrogatoire où il est question de l'accomplissement du crime, passage que nous avons reproduit dans l'acte d'accusation cité plus haut.

L'accusé. — Je n'ai pas dit tout cela, j'ai dit seulement que j'avais mis l'édredon sur elle.

D. Quand l'édredon fut placé sur elle, vous vous êtes couché par dessus; mais ayant bientôt senti que le matelas glissait, vous vous êtes remis sur vos pieds? C'est alors que votre femme est tombée sur le plancher, que s'engagea entre vous et elle une lutte pendant laquelle un vase de nuit fut cassé, une porte de cuisinière brisée; votre femme épuisée finit par succomber, vous lui assenâtes de nouveau plusieurs coups de marteau et vous lui remîtes sur la figure le matelas qui l'asphyxia tout à fait. Tout cela est-il vrai?

R. Oui monsieur.

D. Vous avez dit que cette scène avait duré une demi heure? Est-ce vrai?

R. Oui.

D. Vous ne vous êtes relevé que quand vous n'avez plus senti de mouvement?

R. Je n'ai pas regardé si elle était morte.

D. Est-il vrai que pendant son agonie vous avez dit des prières?

R. Oui, j'ai, par deux fois, dit des prières, et j'ai même fait le signe de la croix avant de la toucher.

D. Pourquoi l'avez vous tuée?

R. Je ne m'y reconnais pas moi-même dans toute cette affaire.

D. Est-ce que pendant la scène votre petit enfant Joseph, âgé de deux ans, ne s'est pas réveillé?

R. Je crois que oui.

D. N'êtes-vous pas rentré dans sa chambre et ne vous êtes-vous pas reposé un moment?

R. Oui.

D. Puis, vous êtes allé tranquillement dans votre cuisine, vous vous êtes lavé les mains et vous êtes parti? A quelle heure? — R. A trois heures et demie du matin. — D. A quelle heure êtes-vous arrivé à Douai. — R. Vers huit heures et demie. — D. N'avez-vous pas demandé de l'eau chaude pour vous raser ? — R. Oui. — D. Auparavant, n'aviez-vous pas cherché à faire disparaître quelques tâches de sang qui se trou-vaient sur votre chemise et sur votre pantalon ? — R. Non, monsieur.—D. Vous en êtes convenu dans votre interrogatoire. A quoi bon de nier ? D'où aurait pu provenir le sang qui se voyait sur vos vêtements ? — R. Je m'étais coupé en me faisant la barbe. — D. Contradiction. Vous avez dit à M. le juge d'instruction que l'eau chaude avait *d'abord* servi à laver votre chemise, vous avez ajouté que vous aviez gratté avec l'ongle votre pantalon marron entaché aussi de sang. En convenez-vous encore?

R. Si je l'ai dit, c'est que je l'ai fait probable-ment.

D. Avant de quitter Douai qu'avez-vous fait de vos chaussettes? elles étaient pleines de sang?

R. Elles étaient très sales.

M. *le président*. Oui elles étaient souillées de charbon et de sang. Le jour du crime vous avez déjeûné comme de coutume, vous avez bien dîné et vous êtes ensuite allé vous coucher.

Le lendemain, vous avez fait donner l'avoine à votre cheval et vous êtes allé jusqu'à la station du chemin de fer pour y jouer la comédie que vous deviez continuer ensuite. Qu'est-ce que vous avez à dire à cela?

L'accusé garde le silence.

M le *président*. Nous allons entendre les té-moins.

DEPOSITION DES TEMOINS.

1er témoin. — Louis-Joseph Choquenet, père de Joséphine.

A la demande que lui adresse M. le président s'il est parent de l'accusé, il répond qu'il est pa-rent du côté de la femme.

Il raconte à MM. les jurés ce qu'il a su dans le moment de la maladie de sa fille dont il igno-rait la véritable cause. Il l'a vue dans la matinée

du 29, elle souffrait beaucoup de coliques violentes, tous les remèdes employés étaient impuis-
sants à calmer ses douleurs, elle est morte le 30
janvier.

2ᵉ témoin. — M. le docteur Chantreuil.

Longuet l'avait consulté plusieurs fois déjà
pour Joséphine, il cherchait à lui faire penser
que ses indispositions étaient de la nature de
celles qui arrivent à beaucoup de jeunes filles.
Lorsqu'il ne fut plus possible de dissimuler au
docteur la grossesse de la malheureuse Joséphine, Longuet parla du projet de faire disparaître
cette grossesse. Le docteur lui fit comprendre
que c'était un crime qui pourrait le mener en
cour d'assises, et chercha à le faire renoncer à
ce projet. Quand le 29 janvier plus tard, le père
de la victime vint le chercher pour voir sa fille,
chez Longuet, et qu'il lui parla des souffrances
qu'elle endurait, il ne douta pas que Longuet
n'ait exécuté son projet. Arrivé près de la malade,
il fit éloigner son père et la femme de Longuet,
et acquit une complète certitude de ce qui s'était
passé. Longuet lui avoua qu'il avait été trouver
Eugène Delporte, et qu'il l'avait déterminé à
opérer sa nièce moyennant 300 francs payables
en marchandises.

M. le président. Ainsi il existe pour vous la
certitude que Joséphine est morte des suites de
l'opération à laquelle elle a été soumise.

Le témoin. Oui, monsieur le président.

M. le président. Longuet est convenu que sa
nièce était enceinte de son fait?

Le témoin. Oui, monsieur le président.

M. le procureur général demande au témoin
si sa conviction est bien formelle sur l'intervention du médecin Eugène Delporte.

La réponse est affirmative.

M. le président, à l'accusé. Avez-vous des
observations à faire sur la déposition du témoin.

R. Je n'ai pas parlé de faire avorter.

Mᵉ Pellieux, défenseur de l'accusé. Je deman-

derai à M. le docteur Chantreuil si Longuet
n'avait pas de la sollicitude pour la santé de sa
femme.

La réponse du docteur est affirmative.

3e témoin.— Eugène Delporte. *(Sensation dans
l'auditoire.)*

Après le serment d'usage le témoin s'assied

M. *le président.* Faites votre déposition.

Le témoin. Sur quoi?

M. *le président.* N'avez-vous pas été victime
d'un guet-apens le 11 octobre 1850, faites nous
en connaître les causes et les motifs si vous le
pouvez ?

Le témoin raconte que le 11 octobre 1850, à
cinq heures du matin, on est venu sonner à sa
porte. M. Lescalier lui avait dit la veille : « Si
j'ai besoin de vos services, je vous ferai appeler
pendant la nuit. » Le témoin a cru reconnaître
Choquenet, mais celui qui avait sonné était parti
immédiatement. A peine sorti de chez lui, il
aperçoit un individu qui débouchait de la rue
d'Inchy et qui court sur lui avec un sabre. Cet
individu il le prend pour Longuet.

« C'est Longuet qui a porté les coups, dit-il,
c'est Choquenet qui m'a sonné. »

Le témoin explique que pendant qu'il était
renversé et qu'il exprimait ses soupçons sur
Longuet, une femme vint déclarer qu'il était
impossible que Longuet fût le coupable puisqu'il était absent de Cambrai.

M. *le président.* — Pourquoi ne l'avez-vous
pas signalé immédiatement à la justice ?

R. Quand la justice est arrivée, j'étais faible
par suite des blessures que j'avais reçues, je ne
pouvais répondre que très imparfaitement.

D. Pourquoi vos soupçons se portaient-ils sur
Longuet et sur Choquenet.

R. A cause du procès qui avait eu lieu précédemment. J'avais ici à Douai un avocat qui m'a-
vait donné alors quelques conseils et on me dit...
il me dit de retourner à Cambrai, plus tard il me

dit qu'il valait mieux quitter, mais je ne pouvais quitter dans ce moment là à cause d'un procès que j'avais. » Le témoin est interrompu dans cette déposition peu lucide par la question suivante :

M. *le président* D'où pouvait provenir cette animosité de Choquenet contre vous? — R. Il y avait une accusation de lui contre moi, relativement à cette fille de Choquenet, mais je ne connaissais ni lui, ni Longuet, ni sa maîtresse. Longuet est venu m'offrir ses toiles comme il les offrait à tout le monde.

M. *le président à l'accusé.* Vous reconnaissez que c'est vous qui avez porté des coups au sieur Delporte ? — R. Il menaçait toujours ma femme et moi en passant devant la maison.

Le témoin. Jamais, je ne connaissais pas sa femme.

M. *le président à l'accusé.* Pourquoi vous menaçait-il ? R. — Ma femme voulait quitter Cambrai à cause du procès. D. — Comment expliquez-vous les menaces de Delporte contre votre femme !

Le témoin, avec force. Jamais je n'ai vu ni Longuet, ni sa femme, ni cette Joséphine. Jamais.

Le témoin va s'asseoir sur les bancs réservés.

4e *témoin.* Hyacinthe Bernard, femme Godard, 45 ans.

La veille du jour où on a attenté à la vie du sieur Eugène Delporte, le témoin était chez la dame Escalier, elle a vu le soir Longuet qui était dans un estaminet; elle ne le connaissait point jusqu'alors. Elle a entendu un sieur Flinoise qui disait : « M. Longuet, vous ne buvez pas? Il a répondu : mais si je bois, voici ma chope.

Il résulte de la déposition de ce témoin que Longuet n'était pas absent de Cambrai le soir qui a précédé la tentative contre Delporte.

5e témoin. — Le docteur Brunel.

Le témoin déclare ne plus avoir présent à la mémoire le constat des blessures du sieur Delporte. Cette pièce est entre les mains du tribunal.

M. le président en donne lecture

Le témoin a attribué ces blessures à un briquet ou à une hachette, il lui semblait d'abord qu'une hachette seule avait pu faire d'aussi graves blessures. Interrogé sur les suites qu'elles pouvaient avoir, il n'hésite pas à déclarer qu'elles pouvaient occasionner la mort.

M. le docteur Brunel dépose ensuite des constatations auxquelles il s'est livré pour l'assassinat de la dame Longuet. Toute cette déposition étant contenue dans l'acte d'accusation, nous croyons superflu de la reproduire ici.

M. *le président au témoim.* Vous avez visité Longuet.

Le témoin. J'ai constaté une ecchymose au bras gauche, Longuet m'a dit que c'était en arrangeant sa voiture qu'il s'était fait cette blessure.

6e témoin. — Joséphine Robinet, domestique.

En entrant dans la cuisine, vers six heures du matin, j'ai remarqué un volet de la fenêtre entr'ouvert. Tiens, me suis-je dit, mon maître sera revenu la nuit, comme c'est déjà arrivé. Puis, sans penser plus loin, j'ai fait mon ouvrage; j'ai été chercher du charbon à la cave, j'ai allumé mon poêle, puis j'ai voulu savoir pourquoi madame ne se levait pas. En approchant de la porte qui était restée pour ainsi dire ouverte, j'ai vu du désordre dans la chambre, le lit tout défait, des matelats renversés. Tout cela m'a effrayé, et j'ai été appeler la couturière. Elle est entrée avec moi dans la chambre et c'est alors que nous avons vu sous les matelats ma maîtresse qui était baignés dans son sang et ne donnait plus aucun signe de vie.

D. Madame Longuet était-elle sourde?

R. Oui, monsieur.

D. Longuet et sa femme vivaient-ils bien ensemble?

R. Je ne sais pas, je ne faisais pas attention à ce qui se disait entre eux.

D. Avez-vous été témoin d'une dispute qui se serait élevée entre les deux époux à l'occasion de dépenses excessives faites par votre maitresse.

R. Je n'ai jamais vu qu'elle depensât plus qu'une autre ; c'était une bien brave femme ; quelquefois elle achetait des figues ou des pommes pour ses enfants, et son mari le lui reprochait. Voilà tout ce que je sais.

7e témoin: — *Catherine Ruez couturière.* — Je travaillais chez Longuet la veille de l'assassinat. J'ai remarqué que madame était fort triste; elle parlait beaucoup de son fils; mais je ne prévoyais nullement que son mari la haït jusqu'à désirer sa mort. Aussi je ne savais quoi penser quand le lendemain on est venu me chercher avec ma mère pour être témoin de cet affreux malheur.

D. Comment Longuet vivait-il avec sa femme ? —R. Ils avaient quelquefois de petites discussions au sujet de leurs parents.

8e *témoin.* — M. le commissaire central vient déposer à son tour et ne fait que rappeler ce que l'on connaît déjà en grande partie.

Il parle de deux enfants dont l'aîné a été interrogé par lui et qui lui a avoué *que sa maman avait été battue par son papa.* L'enfant mis en présence de son père a refusé de l'embrasser. Le plus jeune, incapable encore de discerner, l'a caressé.

D. Dans la chambre dite des enfants, pouvait-on savoir si la femme Longuet dormait?—R. Oui, si toutefois la femme avait la respiration gênée en dormant.

9e *témoin.* — *Philippe hôtelier à Douai.* — Le 5 novembre dernier, vers 4 à 5 heures de l'après midi, je vis arriver dans la cour de mon hôtel Longuet. Après lui avoir souhaité le bonsoir je lui demandais comment allait son petit commerce. Très-bien, me répondit-il, je viens de faire des affaires avec M. le curé de Gœulzin, et nous en ferons encore bien d'autres. Tant mieux, tant mieux lui dis-je. Faites des affaires, mon brave, faites des affaires. Le soir, au souper, je revis Longuet; il me paraissait très-gai. A sept heures il demanda la clef de sa chambre, et sous prétexte qu'il avait à se lever de bonne heure, il partit se coucher vers sept heures du soir. Je ne le revis plus jusqu'au lendemain matin où il me parut plus gai que d'ordinaire. Toute la journée se passa sans que je fisse grande attention à Longuet. Seulement le soir, je le vis boire plus que de coutume, et il se montra plus généreux que jamais, car, au moment de partir pour le chemin de fer il donna à l'un de mes garçons une pièce de 50 c., ce qui lui fit dire : M. *Longuet, il lui tombera un œil car il nous a donné 50 c. pour boire la goutte.*

Un moment après, lorsque déjà je croyais Longuet parti, je l'entends pousser des cris épouvantables, je cours à sa chambre et je le vois en proie à la plus grande désolation. *Ma femme, ma pauvre femme est assassinée ! criait-il, ah ! mon Dieu quel malheur. Quel est donc le monstre qui a assassiné ma femme ? Ah !.... ah !....* Longuet ne respirait plus qu'à de longs intervalles, je courus bien vite lui chercher un verre d'eau sucrée. C'est à peine s'il put le boire. La comédie était bien jouée, j'y fus pris. — D. L'accusé avait-il des larmes dans les yeux ?

R. Je n'en ai pas remarqué. — D. Cela n'a-t-il pas éveillé en vous quelques soupçons ? — R. Non ; j'ai pensé qu'il avait le cœur trop serré pour verser des larmes.

10e Témoin. Fortuné garçon d'hôtel a remarqué que la brosse à habits qu'il lui avait prêtée était tout humide.

11e Témoin. La femme Demoulin journalière, a raccommodé le gilet de Longuet. Comme la mère de la couturière faisait remarquer à l'accusé que c'était un gilet bien commode, puisqu'on pouvait le boutonner des deux côtés. — Oui, répondit Longuet, *il est à deux faces ; en cela il ressemble à beaucoup de gens.*

12ᵉ *Témoin*. — Réné Cochon, conducteur, raconte que Longuet est venu lui apprendre que sa femme avait été assassinée à Cambrai.

13ᵉ *Témoin*. Louis Joseph a reconduit Longuet à Cambrai. Pendant la route, ce dernier poussait de temps à autre de profonds gémissements et demandait quel pouvait être le misérable qui avait tué sa femme. Mieux valait, disait-il, prendre tout ce que j'ai.

14ᵉ *Témoin*. — Debaralle Dominique à Cambrai, cité comme témoin par la défense, est interrogé sur ce fait. Il aurait dit un jour à Longuet, qu'il lui paraissait menacé d'un coup de sang.

Le Témoin. J'ai dit un jour à Longuet : Vous devenez bien gras, Longuet, prenez garde, vous pourriez mourir d'un coup de sang.

15ᵉ *témoin*. — Normand-Léopold, gendarme, cité par M. le président en vertu de son pouvoir discrétionnaire.

J'ai connu l'accusé autrefois à Cambrai. Nous avons été mon camarade et moi le recevoir des gendarmes de la brigade de Cambrai à Aubigny-au-Bac. Mon camarade a parti tenant mon cheval par la bride et moi, à pied, je conduisais Longuet enchaîné. Arrivé à Bugnicourt, le nommé Paul, cabaretier, vint pour regarder Longuet, Longuet lui a allongé un coup de pied. Je lui ai demandé pourquoi il faisait ça, il m'a répondu qu'il croyait que c'était un gamin ! Mais il n'a fait que salir la blouse du cabaretier.

RÉQUISITOIRE DE L'AVOCAT GÉNÉRAL.

Après l'audition des témoins, l'audience est suspendue pendant un quart d'heure.

A la rentrée de la cour, M. le procureur général a la parole. Nous regrettons de ne pouvoir donner qu'un résumé de son réquisitoire qui a vivement ému tout l'auditoire.

• Il semblerait, dit-il, messieurs les jurés, qu'en présence de la simplicité des faits de la cause, le ministère public n'aurait qu'à dire aux juges : Examinez les faits, mettez la main sur votre conscience et faites votre devoir. »

M. le procureur général croit devoir cependant faire un exposé rapide de ces faits et parcourir de nouveau cette longue série de crimes épouvantables.

Venant au premier chef d'accusation il montre la demeure de la femme de Longuet, d'une femme vertueuse, mère à cette époque de dix enfants, souillée par le chef de la famille, par le père de ces dix enfants, par l'indigne époux.

Une jeune fille, une parente de sa femme, lui est confiée; il devait en être le père plutôt que le maître. Longuet devient son séducteur, puis il veut faire disparaître les traces de son inconduite et n'hésite pas à faire opérer sa victime qui succombe à l'opération. Ce n'est pas assez, il cherche à faire planer le soupçon sur deux individus qu'il accuse avoir eu des relations avec celle dont il a abusé. Crime et calomnies se trouvent réunis dans ce premier chef d'accusation.

Un effroyable incident de cette affaire c'est la complicité d'un médecin absous par la cour d'assises en 1850. Il y avait des preuves alors, aujourd'hui, il y a certitude. M. le procureur général stygmatise avec énergie la conduite du médecin qui a prêté son coupable concours à Longuet pour l'avortement de la malheureuse Joséphine. Il abandonne le coupable à ses remords s'il a encore une conscience; sinon, au mépris et à l'exécration publique.

Il profite de cet incident pour faire comprendre au Jury que l'indulgence doit avoir des bornes, sa juste sévérité en 1850 eût évité les crimes qu'il faut punir aujourd'hui.

Venant en suite à la tentative d'assassinat contre Delporte, M. le procureur général démontre que ce médecin était pour Longuet un complice gênant, qu'il pouvait plus tard le compromettre. Et puis le lendemain du crime, Delporte était venu réclamer son IGNOBLE SALAIRE. Cet homme devait mourir, Longuet fait préparer une arme meurtrière.

• Vous vouliez le faire taire, dit-il en s'adressant à l'accusé, oui, vous vouliez lui imposer le silence du tombeau !

• Ce n'était pas une intéressante victime, mais c'était une créature humaine, c'était le complice. — C'étaient deux hommes équivalents, dont l'un voulait tuer l'autre. — C'est un crime que la loi punit. •

M. le procureur général fait ressortir ensuite comment Longuet après avoir conçu le projet de se débarrasser de Delporte, cherche à faire peser ce crime sur un autre. C'est Choquenet, le père de sa victime qu'il compromet. Delporte a reconnu Longuet, mais après avoir, dans le premier moment, nommé le vrai coupable, il se rétracte et dit qu'il ne reconnaît pas Longuet, qu'il est parti de Cambrai, et Choquenet est arrêté préventivement.

Venant à l'examen du troisième crime, plus énorme, plus atroce que les deux autres, M. le procureur général dépeint cette mère qui a eu de son mari quatorze enfants, à laquelle il en reste cinq. Toute sa vie a été irréprochable; et pour excuser son crime, Longuet n'a qu'une accusation à faire valoir: il manque d'économie.

Elle a eu le tort d'envoyer à son fils dix francs, et elle est allée jusqu'à Paris voir cet enfant malheureux et qui avait besoin peut-être, dans ce moment, de toute l'affection de sa mère pour ne pas succomber de découragement. Voilà les *prodigalités* de celle qui fut la compagne de la vie de cet homme.

Après avoir retracé la marche adoptée par Longuet pour assurer l'impunité de ce nouveau crime, qui serait regardé comme un accident arrivé pendant que lui-même était à Douai, M. le procureur-général le montre assistant le 6 novembre au matin à la messe qu'il a profanée par sa présence, s'approchant de tous ceux qui viennent de Cambrai pour chercher à se faire apprendre la terrible nouvelle qu'il connaît mieux que personne. Il retrace la comédie de ses lamentations. Il faut l'entourer de soins pour l'empêcher de s'évanouir.

Mais, au chemin de fer, où il entend le premier mot du crime qu'il a commis, à l'hôtel, on ne voit pas couler une seule larme.

M. le procureur général reprend le récit de la lugubre scène de l'assassinat de la malheureuse épouse, les calculs du meurtrier.

Cette femme qu'il veut étouffer peut, dans un suprême effort, se débarrasser et reconnaître la main homicide. Alors l'idée d'un marteau pour l'assommer. Le voilà armé; il tient une corde d'une main, un marteau de l'autre, il passe devant le chien de la maison qui reconnaît son maître sans soupçonner l'assassin. Le voilà dans la chambre des enfants; quand il a bien supputé si le souffle de sa femme annonce le sommeil, il s'avance!

Ici le magistrat retrace de la manière la plus saisissante, cette épouvantable lutte qui suivit la rupture de la corde, la malheureuse se débattant dans l'obscurité et poussant cette exclamation : *Oh! mes chers enfants!* étouffée bientôt sous les coups du marteau sous l'édredon et le matelas et sous le poids du meurtrier lui-même qui se jette sur sa victime pour être plus sûr de l'asphyxier.

Il montre ensuite le criminel qui veut remettre l'ordre dans le désordre, qui rallume la veilleuse et qui remet en place le vase de nuit.

Après cet éloquent récit d'une des plus effroyables
scènes qu'on puisse imaginer, M. le procureur général
montre dans le premier crime, l'intérêt de Longuet à
cacher sa débauche. Dans le second l'intérêt de Longuet
à se débarrasser du complice qui réclamait SON INFAME
SALAIRE. Dams le troisième, la victime est une femme
qui vieillit, qui est sourde, qui manque d'affection pour
son mari. S'étonnerait-on de la froideur dont celui-ci
a osé se plaindre. Cette femme ne pouvait pas ignorer
les crimes commis par son mari. Elle était une gêne,
un danger, un obstacle.

Après avoir insisté sur la nature perverse de cet
homme, sur ses machinations hypocrites, sur cette
fausse affectation du sentiment religieux, M. le procureur général termine en disant :

« Il faut que là où l'échelle du crime a été dépassée,
la peine soit appliquée sans marchander.

« La sentence que j'attends de vous est sévère, mais
elle n'est pas en rapport avec l'énormité du crime.

« Qu'une grande expiation rassure l'opinion publique
alarmée.

PLAIDOYER DU DÉFENSEUR.

Me PELLIEUX, défenseur nommé d'office, prend la parole. Le respectable avocat après avoir fait l'éloge du
réquisitoire si remarquable de M. le procureur général entreprend, malgré la difficulté de la tâche, l'accomplissement du devoir qui lui est imposé. Dans une
plaidoirie brillante, il se plaint d'abord de ce que la
cause a été abordée avec des préventions trop vives, il
engage les jurés à ne prononcer que d'après les débats.
Il montre l'accusé appartenant à une famille honorable. Longuet d'abord ouvrier tisseur, devient contre-
maître, puis colporteur, puis marchand de toiles. Il
aide ceux de sa famille à se créer une position. En
faisant l'examen de cette famille, le défenseur trouve
qu'un oncle maternel de l'accusé, Napoléon Pierrot, a
été atteint d'aliénation mentale, une sœur de l'accusé
est actuellement encore traitée pour dérangement dans
ses facultés intellectuelles.

Arrivant à la discussion des faits, Me Pellieux, établit que pour le premier chef, l'affaire ayant été jugée,
Longuet n'avait pas à redouter le médecin Delporte.

Pour le second chef d'accusation, la victime a perdu
une oreille, et deux doigts, l'avocat ne croit pas avoir à
entrer dans ce détail.

Pour le troisième chef, la justice n'a rien su que ce
qui lui a été révélé par Longuet. Dans ce crime atroce
dont on cherche vainement à se rendre compte, n'est-
ce pas là le cas d'admettre que Longuet qui a passé de
la vie frugale qu'il menait d'abord à une vie plus con-

fortable a été comme quelques membres de sa famille atteint d'aliénation mentale. Il fait le trajet de Douai à Cambrai, il arrive avec la pensée du crime qu'il doit commettre et lorsque tout est consommé, qu'il a préparé un alibi qui empêchera certainement de le convaincre, il avoue tout; la servante est inculpée. des charges graves pèsent sur elle et s'il s'était tu, c'est sur le sort de cette fille innocente que le jury aurait à prononcer. Mais Longuet a dit non elle n'est pas coupable, le coupable c'est moi, il a expliqué son crime dans tous ses affreux détails, c'est par lui-même qu'on en connait toutes les circonstances. Et cet aveu ne disposerait pas à l'indulgence! Maître Pellieux établit fort éloquemment qu'on doit encourager ce besoin de l'homme coupable de faire l'aveu du crime qu'il a commis, et dit en terminant :

« Rappelez-vous que vous ne savez contre l'accusé que ce qu'il vous a dit, et tenez-lui en compte.

Dans sa réplique, M. le procureur général s'attache à combattre la théorie de l'aveu, et démontre que ce serait le moyen de donner carrière à tous les crimes, à toutes les passions.

Quant à ce qui est de l'aliénation mentale, l'accusé met trop de soin à prendre toutes ses dispositions pour que ses facultés intellectuelles puissent être supposées aliénées. C'est un criminel qui montre une fois de plus qu'une fois lancé sur la pente du crime on roule jusqu'au fond de l'abîme.

Me PELLIEUX revient courageusement à la charge pour disputer la tête dont la défense lui a été confiée. Il invoque à l'appui de la faveur qu'il réclame pour les aveux faits par Longuet, l'autorité de Me Honnequin dans un célèbre procès devant la cour des Pairs en 1820. Il montre de nouveau Longuet invinciblement protégé par l'ALIBI.

A quatre heures 25 minutes la cour se retire et rentre au bout de cinq minutes.

M. *le président à l'accusé*. Avez-vous quelque chose à ajouter à votre défense.

R. Non.

M. *le président*. Je déclare les débats terminés.

M. le président résume les débats avec beaucoup d'impartialité résumé qui a duré près d'une demi heure.

Il pose ensuite aux jurés les six questions suivantes :

1° Maximilien-Napoléon Longuet, est-il coupable, d'avoir en janvier 1850 à Cambrai, par complicité, provoqué par dons ou promesses à l'avortement de Joséphine Choquenet alors enceinte, lequel avortement aurait été procuré à l'aide de violence ou de tout autre moyen?

2° A-t-il commis ce crime avec préméditation?

3° Longuet est-il coupable d'avoir en octobre 1850 à Cambrai tenté d'homicider volontairement Eugène Joseph Delporte, laquelle tentative manifestée par un commencement d'exécution, n'a été suspendue ou n'a manqué son effet que par des circonstances indépendantes de la volonté de son auteur?

4° Cette tentative d'homicide volontaire a-t-elle été commise avec préméditation?

5° Ledit Maximilien-Napoléon Longuet, est-il coupable d'avoir, dans la nuit du cinq au six novembre 1856, à Cambrai, volontairement homicidé, *Marie-Anne-Sophie Laurent*, sa femme?

6° Cet homicide volontaire a-t-il été commis avec préméditation?

A cinq heures le jury entre en délibération, les gendarmes emmènent Longuet dans une autre chambre.

Après un quart d'heure de délibération le jury rentre dans la salle d'audience, et rend un verdict négatif sur la seconde question et affirmatif sur les cinq autres.

M. *le président*, à l'huissier. Faites rentrer l'accusé.

On fait rentrer Longuet, le greffier donne lecture de la décision du jury.

M. *le président*. La parole est à M. le Procureur général pour la réquisition de l'application de la loi.

M. *le procureur-général*. Je requiers la peine de mort contre Maximilien-Napoléon Longuet, et son exécution sur une des places publique de Cambrai.

En entendant cette réquisition Longuet tombe

sur son banc pousse de longs et sourds rugisse-
ments.

La cour entre dans la salle de délibération,
rentre un moment après et rend un jugement qui,
en vertu des articles 59, 60, 2, 296, 302, 12, 26,
du code pénal 368 et 365 du code d'instruction
criminelle, et conformément aux conclusions du
ministère public, condamne Maximilien-Napoléon
Longuet à la peine de mort, et ordonne son exécution sur une des places publiques de Cambrai.

M. le président à Longuet. Vous avez trois jours
francs pour vous pourvoir en cassation. (aux
gendarmes). Emmenez le condamné.

Cambrai. — Typ. L. CARION, rue de Noyon, 11.

LE CONDAMNÉ.

Pendant toute la durée des débats, Longuet avait semblé impassible. Évidemment embarrassé des regards du nombreux auditoire qui se pressait dans l'enceinte vraiment trop étroite, il avait gardé l'attitude dans laquelle il est représenté en tête de cette brochure. Il parut saisi d'une indicible terreur en entendant prononcer la peine de mort. Cependant, il n'y avait pas chez lui l'abattement qu'on a souvent constaté chez des condamnés; il semblait plutôt feindre qu'éprouver une grande désolation. S'il dut être, en quelque sorte enlevé de la salle où l'arrêt venait d'être prononcé, ses jambes ne parurent pas lui faire défaut quand il sortit du palais-de-justice pour retourner à la prison de Douai. Les cris, les imprécations de la multitude étaient, il est vrai, un stimulant qui devait lui faire désirer d'exécuter le plus promptement possible ce pénible trajet.

Il y avait quelquechose de plus terrible que la condamnation même dans ces huées de la foule qui formait la haie sur le passage du condamné et, pour l'honneur de l'humanité, on se sentait porté à désirer que le silence eût été gardé alors par les nombreux spectateurs trop oublieux

de l'*axiômeres sacra miser*. On a dit la touchante
exclamation du défenseur de Longuet en ap-
prenant que son client avait été escorté, à sa
sortie du palais-de-justice par les mêmes malédictions qui l'avaient accueilli le matin quand
il était venu à l'audience. Nous croyons devoir
la reproduire ici, parce qu'elle est la réparation
du tort que nous venons de reprocher à l'humanité.

« Si j'avais prévu cela, dit l'honorable avo-
» cat, tout fatigué que j'étais, j'aurais accom-
» pagné ce misérable jusqu'à la prison. La
» foule m'a témoigné de la bienveillance quand
» je suis sorti du palais; par égard pour moi,
» elle eut épargné, à celui dont on m'avait
» constitué le défenseur, l'insulte après la con-
» damnation.»

La justice humaine avait prononcé sa sentence. Longuet ne pouvait plus se faire illusion
sur l'issue de son procès, mais il se mit à espérer dans le pourvoi st surtout dans le recours
en grâce.

L'avocat d'office avait dignement rempli son
ministère. Il n'avait pu fléchir la justice humaine, mais il espérait fléchir la justice divine
et sauver l'âme du coupable dont il n'avait pu
sauver la tête. Il n'abandonna pas le condamné.

Nous respecterions ici volontiers la modes-
tie de l'avocat chrétien, mais il y va de la
gloire de la religion, et si nous n'entrons pas
dans le détail des peines qu'il se donna pour
obtenir la conversion du malheureux pécheur
au moins devons-nous mentionner qu'il con-
tinua à s'occuper de lui avec tout le zèle que
donne Celui qui veut que nous le considé-
rions dans les plus humbles et dans les plus
misérables « J'étais prisonnier et vous m'avez

visité» dira-t-il au dernier jour à ceux des
élus qui auront accompli les œuvres de miséricorde.

Le condamné fut donc fréquemment visité par
son conseil qui se chargea de former le pourvoi
en cassation, de rédiger le recours en grâce,
et de faciliter en même temps à l'aumônier la
mission si difficile de préparer cet homme à
subir la peine prononcée contre lui.

Longuet passait de l'espoir le moins fondé,
au plus terrible désespoir. Il ne pouvait se faire
à l'idée d'être éxécuté sur la place de Cambrai,
et tandis qu'il n'aurait dû songer qu'à se
préparer à endurer son supplice en expiation
de ses crimes, il se laissait aller aux murmures
et aux plaintes les plus injustes.

Il faut connaître tout le prix d'une âme pour
comprendre ce qu'eurent à souffrir M. l'abbé
Leclercq, chargé temporairement des fonctions
d'aumônier et le pieux chrétien qui s'occupaient
d'arracher l'âme du condamné à la mort éternelle.

Longuet pleurait souvent, mais c'ctait d'ef-
froi et de rage. Le repentir n'était pas encore
descendu dans ce cœur chargé de crimes, et
cependant le temps approchait. A force de
prières, de soins complaisants, le prêtre et
le chrétien triomphèrent enfin de cette nature
vraiment pervertie. Longuet se confessa, et
les torrents de larmes qu'il répandit après sa
confession, montrèrent que cette fois il était
sincèrement repentant. Il reçut la sainte communion avec la plus grande dévotion. Les
gardiens qui furent témoins de la manière dont
il avait accompli ce grand acte, ne purent
retenir leurs larmes Longuet était complètement changé. La grâce l'avait touché.

LE PÉNITENT.

Depuis ce moment, on ne l'entendit plus se plaindre de son supplice, il aurait voulu pouvoir y ajouter, pour expier des crimes dont il commençait à comprendre l'énormité. Il reconnaissait aussi combien il avait été injuste envers son avocat, et en lui écrivant pour le remercier de tout ce qu'il avait fait pour lui, il disait dans une phrase de sa lettre :

« Bien des fois aussi, j'ai admiré la dignité
« de votre conscience à l'égard de votre sage
« défense en ce qui concernait ma malheu-
« reuse victime. Oui, pour cela seul, je vous
« aurais une éternelle reconnaissance »

Ainsi, comme nous le disions précédemment, Longuet comprenait maintenant ce qu'il n'avait pas compris lorsqu'il s'agissait d'établir ses moyens de défense. C'est là une des preuves les plus concluantes de la conversion du coupable.

Il acceptait maintenant avec une résignation admirable toutes les souffrances de sa captivité. Peu de jours avant son exécution, il se plaignait un peu des chaînes qu'il avait aux pieds. l'abbé Leclercq lui dit : « Quand vous êtes tenté de murmurer à cause de cette gêne, rappelez-vous que vous avez lié avec une corde les pieds de votre femme au moment d'exécuter votre crime, et vous aurez alors la force d'endurer ce tourment sans vous plaindre, en songeant à ce que la pauvre creature dut souffrir dans ce moment. »

« Oh! c'est vrai, répondit aussitôt Longuet, j'ai bien mérité d'être ainsi enchaîné, et je ne dois pas me plaindre, puissé-je souffrir davantage encore, pour expier le plus possible en ce monde tous mes crimes.

Enfin, chaque jour, à chaque moment du jour, il ne songeait plus qu'à supporter son sort avec la plus entière résignation. Il envisageait maintenant l'échafaud, et il se fortifiait contre l'horreur de la mort ignominieuse qu'il devait y subir par la pensée qu'il satisferait par ce moyen à la justice divine.

LE JOUR DE LA GRANDE EXPIATION.

Le 10 mars fut le jour fixé pour l'exécution de Longuet. A peine le bruit s'en fut-il répandu en ville que cette nouvelle fut colportée dans toutes les communes environnantes. On conviait ses amis et ses connaissances comme s'il se fut agi d'une fêtr.

C'est une triste chose que ce grand empressement des masses à se repaître d'un tel spectacle. On allègue, pour excuser la société, qu'il en a toujours été ainsi. Est-ce là une excuse ? La curiosité attire, nous le savons, le plus grand nombre, il en est peu qui viennent pour se repaître de la vue d'un supplicié, mais enfin il nous paraît très difficile de justfier cette curiosité dans une société civilisée.

Ce que nous comprenons mieux, au point de vue de la civilisation, ce sont les prières qu'adressaient à Dieu quelques âmes ferventes pour que le condamné se convertît pleinement, et qu'il ne rendît pas inutile, les souffrances que le Sauveur endura pour le salut de tous les hommes.

Dès l'ouverture des portes de la ville, on vit entrer ce jour-là, une multitude prodigieuse d'hommes, de femmes et d'enfants, accourus de tous les villages environnants, pour voir mourir Longuet ; celui-ci avait à peine quitté la prison de Douai, que déjà il y avait foule sur la place de Cambrai, pour assiter à son exécution.

ANNONCE DE LA FATALE NOUVELLE AU CONDAMNÉ.

M. l'abbé Leclercq, aumônier de l'école normale, remplissant les fonctions d'aumônier de la prison de Douai en remplacement de M. Bourlet, fut désigné pour annoncer au condamné que le jour de l'expiation était venu. Il avait passé la nuit à prier pour que le prisonnier reçût cette terrible nouvelle avec résignation.

A trois heures du matin il entre dans la cellule du malheureux. Longuet ne dormait pas, mais il était calme. Sur un signe de l'aumônier, les gardiens sortent du cachot. Il s'avance alors vers le lit. — *Ah! monsieur l'aumônier*, dit Longuet en l'apercevant, *vous venez m'annoncer que l'heure fatale est venue! Que la volonté de Dieu soit faite!*

Le prêtre et le pénitent s'entretinrent quelques instants ensemble et Longuet se leva pour se préparer au dernier voyage.

LA GEOLE.

Arrivé à la geôle, Longuet se recommanda aux prières du directeur de la prison et des gardiens en leur disant :

« Ah! messieurs, j'ai versé le sang innocent de ma pauvre femme, bien bonne et bien vertueuse. Je vais donner le mien en expiation de ce forfait; mais mon supplice sera trop court. Priez, priez le bon Dieu pour moi s'il vous plaît.»

Il y avait des larmes dans les yeux de tous ceux qui étaient présents.

Longuet s'adressant alors au directeur de la prison le supplia de vouloir bien faire savoir au Révérend Père Adrien, prieur du couvent des Bénédictins anglais, qu'il était disposé à mourir chrétiennement et à subir son supplice en expiation de ses crimes; qu'il espérait que ce vénérable religieux aurait la charité de célébrer la Sainte Messe à son intention aujourd'hui.

Le directeur de la prison promit au condamné qu'il irait lui même s'acquitter de la commission auprès du révérend père.

Les gendarmes s'approchèrent alors pour mettre à Longuet la camisole de force.

« A quoi bon, dit le patient, que craignez-vous? je vais voyager côte à côte avec cet ange de charité, et il m'a fait tant de bien que je ne voudrais pas aujourd'hui détruire tout son ouvrage en cherchant à me soustraire au supplice. Oh! non, jamais! jamais! »

Le brigadier lui fit remarquer qu'il était obligé de suivre les ordres qu'il avait reçus, et sur un signe de M. l'aumônier, Longuet répéta ce qu'il ne cessait de dire : « Que la volonté de Dieu soit faite!

Cette toilette terminée, il monta dans la voiture avec l'aumônier et les gendarmes.

LE VOYAGE.

On se fait une idée de ce que doit être le voyage d'un condamné, chaque pas le rapproche de la mort et de quelle mort ? On conçoit les angoisses de l'âme de celui qui peut se dire: «Encore tant de kilomètres à par-

courir et je serai sur un échafaud.» Converti
bien sincèrement, Longuet pour conserver son
courage, éloigna par la prière ces accablantes
pensées. Il récita constamment son chapelet.
Ses yeux ne quittaient pas le crucifix qu'il
embrassa maintes et maintes fois pendant la
route avec une grande effusion.

Quand il aperçut les clochers de Cambrai,
il dit à l'un des gendarmes :

« Je devrais être plus faible à mesure que
j'approche de la ville, mais je me sens plus
fort en pensant que Notre-Dame de Grâce ne
m'abandonnera pas. N'est-elle pas le refuge
des pécheurs ? »

Le digne prêtre qui avait été pour lui
l'instrument de la grâce l'exhortait fréquemment à persévérer dans ses bonnes résolu-
tions et lui suggérait toutes les pensées qui
pouvaient le fortifier pendant cette pénible
route qui retraçait au coupable les voyages
qui avaient précédé et suivi son dernier crime.
Longuet écoutait avec respect la parole du
ministre de Dieu et lui promettait d'être fidèle à la résolution qu'il avait prise de se
résigner complètement à son sort et d'endurer avec joie toutes les peines, toutes les hu-
miliations qui devaient précéder son exécution.

C'est dans ces dispositions qu'il arriva à
la prison de Cambrai à huit heures moins
un quart.

LA DERNIÈRE HALTE.

Rentré dans cette prison de Cambrai où
il avait été écroué il y a quatre mois sous la
prévention du crime qu'il allait expier dans
quelques instants, le premier soin de Lon-

guet fut de demander du papier, une plume et de l'encre.

Il voulait, avant de mourir, adresser un dernier remercîment au chrétien qui, de concert avec le pieux aumônier, avait s puissamment travaillé à sa conversion; i voulait aussi recommander à cet homme cha ritable, les malheureuses créatures qui, après avoir perdu leur mère, allaient perdre aussi leur père.

Il écrivit d'une main ferme la lettre sui-vante :

« Monsieur et vénérable protecteur.

« Je viens vous dire un dernier mot pour
« mes enfants; c'est pour vous prier de recom-
« mander aux âmes charitables qui daigne-
« ront s'intéresser à ces petites créatures, de
« les laisser le plus longtemps possible dans
« les hospices, même toute leur vie, surtout
« mes petites filles, afin de les sauver de la
« fragilité et des périls de ce monde si dan -
« gereux. »

« Recevez monsieur et cher protecteur tout mon respect. »

Longuet. »

« P. S. Avec la grâce de Dieu, je vais mou-rir courageusement et chrétiennement; le charitable et dévoué abbé Leclercq vous dira le reste de vive voix. »

Il n'y a pas une seule rature dans cette lettre, ce qui prouve que réellement le con-damné conservait toute sa force morale.

M. le procureur impérial arriva au mo-ment où Longuet finissait d'écrire. « N'avez-vous rien à me demander? dit-il au condamné. »

« Oh! si, répondit celui-ci, j'ai une grâce à vous demander : permettez-moi d'aller à pieds nus jusqu'à l'échafaud pour compléter autant que possible mon expiation.»

M. le procureur impérial réfléchit un instant et dit ensuite qu'il ne lui était pas permis de rien ajouter à son supplice, qu'il ne pouvait en conséquence lui accorder ce qu'il demandait.

« Hélas! dit Longuet, c'était une bien faible augmentation de peine; le trajet est si court! Mais enfin, que la volonté de Dieu soit faite! »

On demanda au condamné s'il ne voulait rien manger.

« Je suis venu à jeûn de Douai, répondit-il, je veux mourir à jeûn. »

Ceux qui étaient présents à ces dernières paroles sortirent alors et laissèrent le condamné s'entretenir quelques instants avec son confesseur.

LA TOILETTE DU CONDAMNÉ.

Cette triste cérémonie s'accomplit sans incidents particuliers. Longuet s'y prêta et s'y soumit avec le plus grand calme; quand les cheveux furent coupés pour faire place au triangl d'acier, on attacha les mains du condamné derrière son dos. Les pieds furent liés avec des cordes de manière cependant à ce qu'il pût marcher. Il monta alors sur la fatale charrette; il y avait une heure qu'il était arrivé à Cambrai.

LE DERNIER TRAJET.

Le cri *le voilà*! s'élève du milieu de la foule et on vit alors la charrette sortir de la rue de la prison. Le patient avait le dos tourné à l'instrument du supplice, le prêtre qui ne l'avait presque pas quitté depuis le jour de sa condamnation était à côté de lui. Durant ce court trajet, Longuet les yeux baissés sur le crucifix écoutait avec recueillement les dernières exhortations du charitable ministre du Dieu de Miséricorde. On le voyait répondre par un signe de tête affirmatif aux paroles du prêtre. La charrette fut bientôt arrivée au terme du voyage; Longuet et son confesseur descendirent pour gravir les degrès de l'échafaud.

L'AMENDE HONORABLE.

La justice humaine allait avoir son cours. Quelques mots sont échangés encore entre l'aumônier et le patient. La foule n'entend pas ces quelques mots, quelqu'un les a recueillis pour nous les redire. « Longuet êtes-vous « toujours désireux de demander publique- « ment pardon de vos crimes? — Oh! oui, Monsieur l'abbé, --- Je le ferai pour vous, continuez à prier. » Alors fortifié par l'ardente charité qu'il puise dans son cœur de prêtre, le pieux aumônier s'avance sur la plate forme, devant l'instrument du supplice; il présente le crucifix, et la foule tumultueuse se tait pour écouter. Au milieu d'un respectueux silence, celui qui a réconcilié l'accusé avec le Dieu juste et miséricordieux tout ensemble, prononce d'une voix forte et très intelligible, ces paroles qu'un témoin nous a rapportées textuellement:

« Mes frères, le malheureux que vous voyez sur cet échafaud, demande pardon à Dieu et aux hommes, des crimes dont il s'est souillé, et qui vous ont scandalisés.

« Près de paraître devant le Juge Suprême, il se recommande instamment à vos charitables prières. »

Cependant le patient attaché à la fatale bascule, se recommandait avec ferveur à Dieu et à la très sainte Vierge en disant à haute voix : *Bon Jésus, ayez pitié de moi ! Sainte vierge Marie, conçue sans péché, intercédez pour moi !*

L'EXÉCUTION.

A peine le prêtre avait-il fini de parler que le triangle d'acier avait fait tomber la tête du coupable. Longuet était en présence du Juge qui pardonna au larron repentant de ses crimes !

CONCLUSION.

Quand Dieu permet que des catastrophes, des crimes, viennent épouvanter le monde, c'est qu'il veut faire réfléchir ceux qui ont été si justement effrayés de ces abominables forfaits. Longuet, comme tous ceux qui l'ont précédé dans la voie où il a marché, n'a été criminel que pour s'être laissé aller d'abord à des vices que le monde excuse peut-être trop facilement.

Et comme un abîme appelle sans cesse un autre abîme, il a marché de crime en crime sans se douter du terme auquel il arriverait. De combien d'exemples ne pourrait-on pas appuyer ce que nous avançons ici ? C'est l'histoire de tous les grands coupables.

Si Longuet eut été effrayé de l'état dans lequel il se trouvait après son premier crime, il se serait alors converti, et ses enfants et sa famille n'auraient pas à rougir de lui.

Échappé à la justice humaine, il crut pouvoir se jouer de la justice divine. On l'a dit, il y a longtemps : celui qui ne craint que les gendarmes, n'est pas longtemps honnête homme. Il est si facile de se persuader qu'on ne sera pas découvert. Qui, plus que Longuet put se persuader qu'il ne serait pas accusé du meurtre qu'il venait de commettre ? Il avait pris tant de précautions pour qu'aucun soupçon ne tombât sur lui.

Jusqu'à ce que les inventeurs de systèmes nouveaux aient trouvé un moyen de maintenir les sociétés dans la voie du bien, et de préserver les hommes de chûtes graves, croyons, comme le croyaient nos bons ayeux, que *la crainte du Seigneur est le commencement de la sagesse.* C'est en revenant à ce principe, que Longuet s'est converti, et qu'il a expié par une mort chrétienne les crimes de toute sa vie.

COMPLAINTE

SUR

MAXIMILIEN-NAPOLÉON

LONGUET

—

Air connu.

—

1

Pendant la nuit du cinq novembre,
L'an mil huit cent cinquante-six,
Près d'un lit, au fond d'une chambre,
Un meurtre affreux était commis.

2

Quand les annales de l'histoire
Rappelleront le scélérat,
Siècles futurs, pourrez vous croire
Les détails de son attentat?

3

Pourtant le sang de la victime
A marqué le front du pervers,
Et la nouvelle de son crime
Ferait frissonner l'univers.

Longuet!!! c'est le nom du sicaire;
Mais il n'est pas Cambrésien,
Il est, dit-on, originaire
De Verly, non loin de Vervins.

Hommes de tout rang, de tout âge,
Venez entendre raconter
Quelle fureur et quelle rage
Arment le bras du meurtrier.

6

Son épouse, dans le silence,
Hélas! dévorait les chagrins,
Et souffrait avec patience,
Tous les mépris, tous les dédains.

7

Pour ses enfants, la pauvre mère
Supporte les brutalités
Du barbare et consent à taire
Ses torts, ses infidélités.

8

Mais cette épouse vertueuse
Est un remords pour cet époux;
Il faut donc que la malheureuse
Porte le poids de son courroux.

9

Alors, de sang-froid, le perfide
Prépare une corde, un lacet,
Pour expliquer par un suicide
Plus tard son horrible forfait.

10

« Forcené que l'enfer seconde,
« Tu sais l'histoire de Caïn :
« Abel et lui sont seuls au monde,
« Et Dieu dévoile l'assassin. »

11

Mais du démon l'affreux ministre
A soif de sang... il veut hâter
L'heure de son projet sinistre :
Rien ne saurait le retarder.

12

Il croit cacher son entreprise...
Il se montre quittant Cambrai,
Et colportant sa marchandise
Sur la route et jusqu'à Douai.

13

Il laisse là voiture et toiles,
Revient à pied furtivement;
Et quand la nuit étend ses voiles,
Il se glisse en son logement.

Comme un vautour guêtant sa proie
Ses yeux percent l'obscurité,
Et dans sa sanguinaire joie,
Son plan est bientôt arrêté.

Il écoute... il entend encore
Sa femme cherchant le sommeil :
Il lui prépare, avant l'aurore,
Un épouvantable réveil.

Méditant sa pensée cruelle,
Sûr qu'il ne peut être entendu,
Non loin de la brebis fidèle,
Calme, le loup s'est étendu.

En attendant, rien ne le touche,
Sans éprouver aucun souci,
Près de son enfant il se couche,
Père cruel ! cœur endurci !

De l'innocente créature
L'aspect ne l'attendrira pas,
Et tous les droits de la nature
Ne sauraient arrêter son bras.

Enfin, voici l'heure fatale!!!
Satan, sorti de ses cachots,
Mène à la couche nuptiale
L'un de ses plus ardents suppôts.

C'est lui !.., c'est Longuet qui s'avance
(Il veut à tout prix le secret),
Les Morts seuls gardent le silence.
Il va TRAVAILLER sans regret.

Il tressaille... et près de sa femme
Vole sans bruit comme un hibou;
Peut-être il l'embrasse, l'infâme !
En lui passant la corde au cou.

Quel état! quel sort lamentable!!!..
Mais le nœud coulant, trop tendu,
Sous les efforts du misérable
Se casse!... ô coup inattendu !

« O cœur barbare, ô cœur de roche,
« Le ciel t'avertit.., comprends-tu?
« Non. . tu restes sourd au reproche,
« Tu t'es joué de la vertu.»

« Quoi! tu repousses la clémence,
« Du Dieu d'amour en ce moment;
« De Celui qui prend la défense
« De l'orphelin, de l'innocent, »

25

« Hé bien! va, brave sa colère.
« Abuse de ta liberté
« Mais en rejetant sa lumière,
« N'espère pas l'impunité. »

26

Soudain la victime s'éveille !!!
Voit, comprend son funeste sort,
S'arme d'une force nouvelle
Et se débat contre la mort.

27

De la lutte la plus terrible,
Quand les efforts sont commencés,
Bientôt dans une étreinte horrible,
Les deux corps se sont enlacés.

28

Du lit tous deux roulent par terre,
Sans lâcher prise, l'assassin
Cherche après l'arme meurtrière
Qui doit le délivrer enfin.

En allant à tâtons, le lâche
Trouve et saisit un lourd marteau
Et frappe à grands coups sans relâche,
Celle qui gît sur le carreau.

Sur sa mamelle palpitante
Elle a senti son assommeur
Crisper sa main froide et sanglante
Pour mieux assouvir sa fureur.

Objet de la plus noire envie
Malheureuse! avec ton bourreau
Tu passas vingt ans de ta vie
Pour le voir creuser ton tombeau.

Malgré ce traitement atroce,
Elle semble encore respirer;
Mais il saura bien, le féroce,
Promptement la faire expirer.

Il fait trève à ses meurtrissures
D'ailleurs il est de guerre las;
Ce qu'ont commencé les blessures,
S'achève entre deux matelas.

Afin qu'elle meure étouffée,
Sur le corps il presse le pied;
Alors, sur son sanglant trophé,
Le vampire monte et s'assied;

35

Puis, épiant la fin fatale
Sous le piège il plonge les yeux,
Il écoute le dernier râle,
Qui mettra le comble à ses vœux.

36

Ainsi donc l'objet de sa haine
S'étouffe et périt assommé!
Et ce monstre à figure humaine,
Va dormir!.. tout est consommé!

37

« Va! ne sens point ton front qui sue
« Comme la voûte d'un cachot;
« Le cadavre point ne remue,
« Sois tranquille, il ne dira mot. »

38

« Courage, enlève sa chemise;
« Le fardeau maintenant est lourd;
« Quand il tombe, sois sans surprise,
« S'il rend un son lugubre et sourd. »

Longuet alors fait sa toilette,
Comme un tigre après son repas ;
Brise ensuite une espagnolette,
Pour qu'on ne le soupçonne pas.

Après l'horrible tragédie,
Il quitte de nouveau Cambrai
Et va jouer la comédie ;
Le plus tôt possible à Douai.

Il court, il vole, le coupable,
Avec grande rapidité :
Ne dirait-on pas que le diable
Sur ses ailes l'a transporté ?

Il s'en va visiter, le traitre,
Un magistrat dès le matin,
Cherche la rencontre d'un prêtre,
L'aborde d'un air patelin.

« Mais que vas-tu faire hypocrite,
« En te montrant dans le saint lieu ?
« Prétends tu cacher ta conduite,
« Aux regards tout puissants de Dieu ? »

« Tu vas provoquer sa colère,
« Tu vas hâter ton jugement.
« Si tu t'approches téméraire,
« Du tabernacle indignement »

45

Quand de la funeste nouvelle
Le premier mot a retenti,
Longuet feint de prêter l'oreille
Dans la douleur anéanti.

46

Il prépare son attelage
Et va se remettre en chemin.
C'est son quatrième voyage
Depuis l'avant-veille au matin.

47

Suivant son astuce, sans doute,
Il affiche le désespoir ;
Et se lamentant sur la route,
Il cherche qu'on puisse le voir.

48

Il entre chez lui, le perfide,
Et fait semblant de sangloter,
Se jette sur le corps livide
De celle qu'il vient d'égorger.

49

Mais il n'en impose à personne ;
On a deviné, cette fois,
La ruse dont il s'environne
Pour tromper les hommes de lois.

50

Comme voulait sa perfidie,
Le cadavre est resté muet,
Mais il cache en sa main raidie,
Un simple bouton de gilet.

51

Empreint du sang de la victime,
C'est un témoin silencieux,
Qui, dénonçant l'auteur du crime,
Le force à faire des aveux.

52

« O Malheureux ! de ta furie
« Arrête enfin les attentats ;
« Ne va pas, dans ta frénésie,
« Jusqu'au bout imiter Judas. »

53

« Si du remords, en ton supplice,
« Tu sens encor le ver rongeur,
« Attends du moins de la justice
« Et les arrêts et la rigueur. »

Enfin, le repentir commence,
La voix du sang qu'il a versé
N'a point demandé la vengeance,
Et le pécheur est terrassé.

55

Mais, sur la fatale charrette.
Déjà le pénitent monté ;
A l'échafaud porte la tête
Et tombe dans l'éternité.

MORALITÉ

56

Comment nier la Providence !
Quand Longuet vient avouer
Tant de crimes qu'avec prudence
Il avait pris soin de cacher ?

57

Chrétiens ! sur le chemin du vice,
Malheur ! malheur ! à qui s'endort.
On roule au fond du précipice
Dès qu'on met un pied sur le bord !

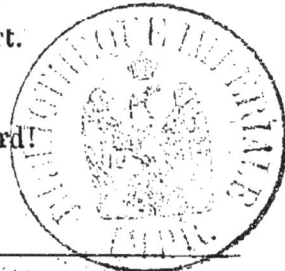

Cambrai. — Typ. de L. Carion.